親子互動的撇步

8位親子教育達人的祕訣傳授

序

修養自己，就是成就孩子

◎黃翠吟

人生走了大半，歷經了生活各種的酸甜苦辣，才有能力看見自己不知的部分，不斷驚見眞正的自己和自以爲的不一樣。很多深層的想法、信念，甚至言語、態度是自己不喜歡、不認同的，但幾十年來卻一直習以爲常，渾然無覺；自己身上的味道，自己聞不出來。直到人生的路走了一大段，才猛然看清了自己部分的原貌，自此才有能力去轉化、去改變。

人的氣質、信念、行爲模式，除了是先天心性外，後天形成的部分其實很多是在很早的孩童時期就一點一滴地被種入我們的心田；但是，我們卻要用一輩子去探究它。認識自己是一生都在做的事。

我是在中年以後，才突然發現我說話有某個習慣。有一天與母親對話，突然感覺自己有點緊張，想趕快把話講完；我非常驚訝，爲什麼對最親的人會有這種感覺？原來，我怕媽媽聽不進我說的，或是打斷我的話。這才發現，從小至今都是這種感覺及經驗。

小時候，大人不把孩子的話當一回事，不是不理不睬，就是沒耐心地打斷。長大了，我和別人對話時，也會很急切，怕被打斷；沒有自覺時，就缺少一份耐心去傾聽。瞭解自己這一點時，已是不惑之年。

從小受到父母的對待，形塑了自己的行爲模式，不知不覺就成爲那個樣子；情緒、口氣、態度，乃至個性、價值觀，都在無形中被塑造。

影響最深遠的，就是父母的態度、評價，形成孩子對自己的看法及認定。一個人認爲自己是有價值的、夠好的、有用的，他就能肯定自己、相信自己，內在的衝突就比較少，情緒比較穩定，這眞是一生最大的資產；如果是否定自己，總覺得自己永遠不夠好，就會有自責自貶的情緒，內心就常有不安。

有位朋友，他習慣說：「沒有用啦！不可能的啦！」我說：「念力是很有力量的，你可以正面去想去試；要相信自己，認爲有用就會有用！」他說：「不可能改變啦！江山易改，本性難移。我媽就常念我老爸說：除非棺材板四個角被釘上了，你的那些壞習慣才改得了啦！」那意思就是，要改變就等下一世囉！聽他這樣一說，內心微微一痛；這句否定的話，和他說「不可能改變啦」的信念如出一轍。

父母在和孩子的互動中所流露出的氣質、價值觀，就同時在教育孩子；不相信孩子可以做到，不接納他的氣質，容易讓孩子自我否定，不相信自己。如果自己一輩子沒有發現，就無重建、復原的機會。

人是經過了歲月的歷練，才愈來愈成熟、愈來愈瞭解自己的。教人感嘆的是，人老了、更成熟了，孩子這時卻已經長大了。所以，我們不必責怪上一代對我們的教養方式，我們自己不也是不夠成熟就生養孩子了？我們能做的，就是努力瞭解自己、修養自己，讓一些負向的、阻礙生命成長的信念或創傷消解轉化；一方面是爲了讓自己的人生活得更好，另一方面是帶給孩子正向的影響。

泰山文化基金會辦理親職教育巡迴講座十多年。在會場上曾有家長表示，從孩子上國中起，即跟隨基金會參加在各處舉辦的講座；一路走來，至今孩子已研究所畢業。在孩子成長過程中，父母能陪著孩子學習成長，便成就了親子雙贏。

有的父母在聽了專家的建言後，知道要肯定孩子，製造讓孩子有「成就感」的機會，可是自己的內在却是焦慮的、不信賴、不欣賞孩子的；人的感覺是很敏銳的，孩子豈會不知道父母對自己眞正的看法，他怎會自我肯定呢？所以，根本之道是從心性上修養自己，氣質、價値觀是要經長期的熏習才能內化的。因此，除了長期充實親職教育的知識及技巧外，心靈修養是一輩子的功課。

本書由慈濟傳播人文志業基金會與泰山文化基金會共同策畫，集結了親職講座八位學者專家——魏渭堂、陳蔡榮美、錢永鎭、馬信行、何進財、周美德、譚德玉、林覺隆——的演講精華。學者們提供了許多教養上的親身實例，來闡釋學理觀念，在親子間的互動、對孩子的引導方式及其背後的目標，都有詳細的剖析；可貴的是，每位學者都流露出對自己的反省與思考。由此可知，父母在與孩子的互動中，自己能有所覺察、保持清明理性，是多麼重要的事。他們的體會與驗證非常實際，是爲人父母者很好的指引。

慈濟帶領台灣社會修養自己、照亮別人，是社會的一股清流，不斷帶給社會善的影響及希望，影響既深又遠，我們有目共睹，非常感佩！泰山文化基金會從事心靈教育、親職教育十多年，倡導提升生活品質要從「建立正向心念做起」。很榮幸與慈濟再次合作出版本書，期能提供適當的教養觀念讓現代父母參考。

父母是孩子人格養成的導師，健全的家庭是社會和諧的基石；讓孩子健全地成長，我們的社會將會更美好！

（本文作者爲泰山文化基金會執行長）

目錄

與青春對話

◎魏渭堂
中台科技大學幼保系副教授

大環境在變，
孩子的身心發展也在持續改變！
爸爸媽媽們，
你和孩子的相處模式
還是那樣一成不變嗎？

用眼睛去看，用耳朵去聽，用嘴巴去說話，這是人們再自然不過的動作了。問題是，我們發現，面對孩子時，很多父母是既不看、也不聽，而只會講——很少用眼睛去觀察孩子的行爲，很少用耳朵去傾聽孩子的心聲，只是自顧自地用嘴巴教訓，乃至發洩情緒。

然而，講多了，心就蒙蔽了；你不但看不到自己的心，也很難去窺探孩子的內心世界。

■改變，從父母親開始

「大環境不斷在改變！」這是大家不時掛在嘴邊的感慨。以國中生的升學管道而言，以往是單純的高中聯招、五專聯招、高職聯招，現在已改爲「多元入學」；若是高中生，還得張羅一大筆報名費，爲了多報考幾所大專院校以防萬一。

行之多年後，課本減少了嗎？參考書減少了嗎？補習率下降了嗎？學生和家長的壓力減輕了？還是反倒加重了呢？於是，「多元入學」衍生出另外兩個涵義：其一，多「元」入學——得拿很多錢去報名考試。其二，前教育部長楊朝祥先生說過，以前的高中、大學聯招是「一招斃命」——一次考試決定升學與否；現在的多元入學則是「凌遲至死」——透過前前後後多種方式來決定升學命運。

結果，很多父母不禁大歎：本來要改變的，結果都沒變！甚至認爲，台灣社會過去能有四、五十年的穩定局勢，乃是受惠於高中聯招和大學聯招制度，因它能公平地取捨人才，讓學子公平受教。但個人認爲，這種論點有失公允；拿今天和二十年前的社會狀況相比擬，是絕對不公平的。

問題的癥結在於：大環境在變，孩子的身心在變，而唯一不變的，就是作父母的還常常用過去經驗看問題，忽略了青少年不斷地在發展。有的青少年還會向父母說：「爸爸媽媽，你們何時會改變碎碎念的習慣？」

■你瞭解自己的孩子嗎？

有一天，我也發現我的孩子竟然不喜歡讓我去她的學校，那是在她讀國中的時候。

我們的國中生眞是辛苦，他們常常要補習，連假日也是。爲了避免督學發現孩子在假日還要到校上課，就由家長在教室門口「把風」——五十位家長輪流，一個上午、一個下午；換言之，就是二十五週輪一次，一年輪派二次。

我的孩子從幼稚園起，一直到國小、國中及高中，只要學校辦活動，我們通常會參加。因爲，我們的參與會讓孩子感受到爸媽對他的關心——不是光用嘴巴說，而是心動後的實際行動。

輪到我們「把風」的日子時，第一次是媽媽去，第二次她沒空，那就我去。問題來了：孩子開始鬧脾氣，說什麼都不讓我去。我竟被自己的孩子拒絕！

生命中，沒有被拒絕過，怎會知道別人跟你站在同一邊時有多可貴？沒有苦痛過，怎會明白快樂有多美好？

爲了不讓我去，孩子鬧了兩個禮拜，可見她心裡有多掙扎。最後，她終於答應讓我去了，但附加三個條件：第一，不得跟班上任何一個同學講任何一句話；第二，服裝儀容得經她核可；第三，務必準時到校。

那天，我八點準時到；不敢亂動，不敢看原文書，只能多少翻點報紙，連同學在一旁打打鬧鬧我都保持安靜；就這樣熬了四個小時。回來後，孩子說：「爸爸，我要重新評估你了。」她誇我眞有節制力，沒跟同學講半句話，同學還稱讚我長得不錯——因爲只有看到坐著的上半身。她滿意地說，從今以後要對我另眼相待。

其實，孩子不讓我和同學說話是有原因的。曾經有位同學的媽媽到教室輪班，看到其他同學在聊天，就對他們說：「各位同學！高中聯招快到了，你們要用功讀書啊！」這原是出自一片善意，卻招來全班聯合孤立這位同學；他們認爲，是這位媽媽害他們被罵，於是這位同學就成了眾矢之的。

這也讓我們瞭解到，影響青春期孩子的主要人物往往不是父母，而是同儕；所以，孩子才會在同儕的壓力下，要求我到學校後，絕對不能跟任何一個同學講話。

相信嗎？不少平時自認爲孩子作牛作馬的父母，其實常常不願意爲孩子做一點小事。其實，當孩子希望我們爲他做什麼時，我們順著他、爲他做到，這就是最高級的教育策略——借力使力。我想，就是因爲我的付出，才贏得她對我的改觀。此後，我們的關係就更好了。

■傾聽，建立同盟關係

有人說，富國強種要從教育小孩子開始；我則認爲，應該從父母親開始。

有些家長老是抱怨孩子不好好讀書，成績老是不好。試問，父母光一天到晚看孩子不用功，可曾想辦法教教他？可曾從孩子身上看出自己有相同的特質？親情的對話來自於你對自己的覺察；看看孩子，想想自己，這才是重點。

在孩子的成長過程中，若父母不願傾聽他的心聲，一味地以教訓取代親情對話，就容易導致孩子「多說多錯，少說少錯，不說不錯」的消極態度；後果則是，將來他就「每說必錯」，因爲他沒有練習的機會。你可曾鼓勵孩子：「在家裡說錯了也沒關係，就當作是練習；多加練習，以後就不會錯了。」家之所以可貴，就是因爲家人間的包容和支持，讓孩子可以在錯誤中學習。

此外，還要能幽默地對待，亦即學會開自己的玩笑，才能開孩子的玩笑。有一回，我抱起一個幼稚園的小朋友，他摸摸我的肚子說：「叔叔，你的肚子怎麼那麼大？」我就回答：「你好厲害呵！被你發現了！」若是你周遭的家人、鄰居和同事們都不敢跟你開玩笑，那表示你的肚量太窄，容不下別人了。

有研究發現，會吵架的孩子，長大以後人際關係比較好，因爲他會爲了維護自己的尊嚴和價值，想辦法說服對方。我們並非要培養一個「乖」孩子；孩子太乖，往往容易過度壓抑自己。我們要培養的是一個能順應環境的「好孩子」，能在各種場合扮演適當的角色。好孩子不是完全順從，不是每天在徵詢父母關愛的眼神；好孩子是有自己的步調，有自己的想法和策略，並能夠在適當的場合表達出自己的想法。

若孩子在吵架過程中感到委屈，父母一定要上前擁抱他，這是一種肢體的親情對話，讓他感受到你們兩人是同盟關係。即便孩子童言童語，講話不一定有邏輯，也許只是天馬行空地開開玩笑，你也可以順應他，跟著他的思緒走，才能進入他的世界。當孩子認同你和他是一國的，才可能開始交心。

所謂「叛逆的青春」，這個前題是錯誤的；孩子並沒有叛逆，他是在表達他的想法。我們順著孩子，是先傾聽他的心聲，先和他建立同盟關係，再學習等待孩子的成長；亦即，先建立起「同盟感」的基礎，才能有更深刻的對話。所以，別阻止孩子表達，別怕他們說錯，別認爲吵架一定不好；但千萬不要打架就是了。

對話過程中，父母當然也可以表達意見。當孩子的行爲不能如你所願時，我們通常會用三個策略：一、說出孩子內心的盼望，讓他明白其實你瞭解他。比方你可以說：「我知道你很想那樣子，但是我們家沒有辦法提供。」二、說明父母的規範或限制，讓孩子明白你反對的理由。三、讓孩子去思考，讓他自己做選擇。例如：已經說好只能玩三十分鐘，但是孩子玩得很高興，時間到了還想再玩；這時你可以告訴他：「你還很想玩，但是時間已經到了；如果要繼續玩，下一次就要扣掉時間。」通常孩子都會趕快停止。

當孩子有不滿的情緒，有時會發洩在自己身上；例如，在自己的手臂上劃一個刀痕或燙個煙疤而不覺得痛，這是因爲他的壓力太大了。此時，父母不應只是告誡孩子：「不可以這樣子！不可以那樣子！」而應該試著和孩子懇談，把內心的感受表達出來：「我不太瞭解你，但是我很心疼你……」若是孩子表示不要你管，你就必須承認：「我覺得我們之間好像有很大的隔閡，我想我們應該好好談一談。」若孩子認爲談也沒有用，你就要爲過去不良的溝通經驗表達歉意，表達你明白他心裡的委屈。孩子看父母先低頭了，心就會柔軟起來，雙方才可能進入眞誠的對話。

此外，面對孩子的自殘現象，父母若是無法處理，就應該求助老師或專家，千萬不要光是大驚小怪；畢竟，這是一個現象的呈現，有呈現總比無預警的突發狀況更能加以防範。父母必須瞭解孩子究竟要透過這個方式表達什麼，是不是有什麼需求得不到滿足？是來自家庭壓力，亦或同儕的壓力所造成？你也可以表示你的擔心和不安，甚至讓他爲你操一些心。

由於經濟不景氣，許多家庭有著沉重的經濟壓力。有個孩子想表達孝心，想賺錢減輕爸爸的壓力；但爸爸不拿孩子的錢，要孩子自己存下來。可是，媽媽則對孩子說，兒女賺錢報答父母的養育之恩是理所當然的；更何況，家裡確實需要孩子幫忙賺錢貼補家用。前者顧慮到面子而沒有解決問題，後者則讓孩子爲家裡操一份心，學習彼此照應；這樣的情感交流，常常更能凝聚家人間的情誼啊！

尊重，認清個別差異

隨著孩子不斷成長，他們的身心當然也有所改變；而每個年齡層，都會發展出不同的特質，也就需要不同的對待方式。

國中生看國小生，會覺得他們幼稚，等到自己上了高中，再看國中的弟妹，還是認爲幼稚；他們永遠覺得自己已經長大了。青春期的孩子還有兩項特性，一是「假想觀眾」：一天到晚覺得別人在看他，於是很在意自己的外貌，有人更會因此不停地擠青春痘。另一是「個人神話」：以爲自己是世界上最偉大的人，想法最正確，要大家遵守，於是動不動就指揮、命令別人。

一般認爲，孩子進入青春期後，會開始不喜歡自己的父母親；他們的反叛性和獨立意識較高，自我主張也比較強，不再一味地聽命於父母，而會開始自己去思考，得到自己的見解。若是意見與父母相牴觸時，緊張關係就出現了，甚至可能批判父母。台語有句俗諺：「生子身，沒生子心。」可說道盡了現代父母的挫折感啊！

但是，不要因此就認爲孩子處在「叛逆期」。事實上，一部分是因爲他們面對生理上的成長變化而開始產生緊張，更多的是他在展現自己，想成爲一個獨立自主的人。簡單地說，孩子出生時，剪斷臍帶是爲了讓他身體能夠獨立；到了青春時期，則要剪斷心理上的臍帶，讓他的人格能眞正獨立成長。

大家都知道身教比言教更重要、更有影響力，因為身教是直接以行動教育孩子，使他明白道理，而不是光用嘴巴講了長篇大論。長篇大論能得到多少反應，有多少效果呢？你認為有刺激就一定有反應嗎？你認為訓導人員在台上講話，同學一定會聽嗎？不見得。同樣地，父母若光是一張嘴碎碎念，孩子就會改進嗎？不一定。

再試問：換作是你，你希望光聽別人的長篇大論？或者你更渴望被傾聽、被理解呢？

研究發現，其實國中生還是很喜歡自己的父母親，只是不喜歡父母講話的方式而已。一個得不到反應的談話，就沒有價值了。

有一天，我還在二樓睡覺，孩子出門上學前，便對著樓上大喊：「爸爸我要上學了，你好好睡覺呵！」這句話是一種刺激，而且威力可大了！當鄰居都知道我還在睡覺，我會沒反應嗎？我立刻爬起來，從此不敢再睡大頭覺。孩子的話帶來了刺激和反應，價值就產生了。

商品要能滿足你的需要，你才會去購買；同樣的道理，父母的話要能滿足孩子的需要，孩子才會有反應啊！

此外，必須尊重孩子的私領域，不要去看孩子的日記。曾有位媽媽說，她是爲了瞭解孩子而看他的日記；於是，孩子就抄了許多「靜思語」當日記給媽媽看，再私下另寫一本眞實的日記。另外有位媽媽很生氣地說，她的孩子竟在日記上註明「看我日記者會死！」可見，對於孩子而言，私領域是不容侵犯的。

要瞭解孩子，應在平時就多關心他的生活種種，千萬不要去侵犯他的隱私；因爲，太迫近的距離，有時反倒徒增壓力，還是必須尊重孩子保有私領域和自尊的權利。

孩子有個別差異，父母就該尊重孩子的個別差異並跟他對話。對話過程中，除了有愛心和行動仍不夠，還必須有正確的方法，才不致盲目妄爲。要知道，可能沒有一個孩子如他父母所願的那樣優秀，但你不能因此去否認孩子的價值。父母應該讓孩子多去感受，跟孩子產生同盟關係，尊重孩子的特質，讓他自由地在他的領域裡發展個人特色，並不吝給予鼓勵。

■鼓勵，避免形成壓力

我們都說要多讚美孩子；於是，常可聽到父母誇獎孩子「你好厲害呵！」「你好棒！」但是，其實還有一個比讚美更好、更重要的方式，那就是鼓勵。

不強調讚美，是因爲它常隱藏著一個危機——結果好才能得到讚美。例如，孩子考七十分，你可能不會讚美他；但若是他很認眞用功才考這個分數，你還是可以鼓勵他。讚美著重於結果，鼓勵則強調過程；讚美是站在父母的價値體系評量結果，而不是站在孩子的實際過程瞭解問題。

讚美也容易使人產生壓力；因爲，下次若沒有達到被讚美的標準，挫折感就來了。資優班的學生都很優秀，應該是從小就經常得到父母師長的讚美；我們卻時聞資優班學生因壓力過大而想不開。爲什麼他有那麼大的壓力？因爲他的一生都在被讚美，活在獲得讚美的壓力中。

這是個可怕的後果；孩子會誤認爲沒有得到讚美就是沒有得到酬賞，沒有得到酬賞就沒有價値。因此，我們應該常跟孩子說：「我知道你很認眞用功」，而不是只問他考了幾分。考得好，父母還沒問他就會主動說他得了高分；若是考不好，問了也是徒增尷尬。

曾有一個孩子對他爸爸說他考了七十多分，還附加說明：「爸爸你不用擔心，我們班上有一個人還考三十幾分。」這個考三十幾分的人，竟成了孩子自我安慰的依靠，是不是該感激他呢？父母都希望孩子能考一百分；實際上，那是壓力很大的，只有少之又少的人能達到啊！

因此，跟孩子相處的對話最好是多鼓勵，對他在過程中所付出的努力給予肯定。例如：

「我知道你會做得到。」

「你一直很努力用功，也很辛苦，媽媽看在心裡很心疼。」

「我知道你有自己的安排和計畫。」

「媽媽有你很滿足。」

用這些話語鼓勵及肯定孩子努力的過程，避免讚美結果所隱藏的壓力。

■幸福，用真心去感受

父母其實是在世界上最困難的學校當老師；因爲，這個「學校」教的是如何做人。你想將孩子培養成怎樣的人？孩子三十五歲時，你希望他是一個幸福的人，還是一個有用的人呢？

幸福的人通常都很有用，有用的人卻未必很幸福。透過學習，使自己在某種技能上愈來愈精練，就能成爲有用的人。但要得到幸福，除了具備有用的技能，肯定自己的存在之外，還要學習去感受人世間的種種，才能付出自己、尊重別人，這才是幸福的人。

我常回憶幼時和媽媽相處的情景，發現媽媽是個很快樂的人。其實，她的工作十分辛苦；但是回到家來，看到孩子的成績不差，心情自然很高興。記得有一回，媽媽走了六公里的路去買了幾斤柳丁回來，還覺得能替孩子做了件事而心滿意足。不但那幸福的模樣至今仍教人難忘，還有那第一次剝柳丁的經驗，眞感覺那是人間美味啊！

人生快不快樂，不在於擁有多少外在條件，而是應該培養孩子朝幸福的方向走；幸福的方向則要透過感受得來。要讓孩子學習獨立，學習爲自己負責任；如此一來，當父母爲他做一點事情時，他就會心存感激。你的孩子懂得感激別人嗎？你做了什麼事情讓孩子去感受嗎？我媽媽走了六公里到鎮上買回幾斤柳丁的事，我永遠記得清清楚楚，並影響我一輩子。

有人說，今世會成爲家人，是由於前世互相虧欠；我不同意這種說法。我比較認同的是，因爲大家有共同的願望，才會相逢在同一個家庭裡，每天相處在一起。這分能夠成爲一家人的情緣何其珍貴，怎能不好好珍惜呢？

請回憶孩子剛出生時，懷抱著他，瞧著那可愛的模樣，感覺眞棒。再注視那熟睡的臉龐，想想爲何他會出現在你家，睡在你爲他準備的床鋪裡？爲何來到你身旁，總和你黏在一起？再輕輕對他說：「我眞的很愛你！」相信此刻，任誰都會感動得流下淚來。

等孩子再大一點，你要開車出門時，他會對你說：「爸爸開車小心一點！」還會不斷叮嚀「要繫安全帶」、「要帶安全帽」……小孩子不會叫大人去做壞事，他們會直接表達出他們的道德規範，表達他們的是與非。他們就是這樣地單純可愛。

此外，在小孩子剛會爬、會走路的階段，當要離開媽媽身邊去玩時，常會回頭看著媽媽，用一種盯著媽媽「是不是還在那裡」的眼神；只要媽媽還在，就會滿足地去玩了。到了青春期，孩子想獨立，此時回顧父母的不是眼神，而是回憶的心情；他會常想起往日和父母相處的點點滴滴，特別是在他初離家到外面過生活時，更會常常想念父母。所以，給孩子留下什麼印象是非常重要的。

總之，要和孩子相處對話，只要把握四個原則：第一，和孩子建立一種同盟的關係；有了同盟的關係，很多話都可以省掉。第二，多學習，陪伴孩子成長。第三，多說鼓勵的話，千萬不要說出「我怎麼生到你這種孩子，不知衰幾輩子！」「你愈來愈像豬。」之類的話。第四，尊重孩子的私領域，讓他擁有足夠的空間，很自由地在他的領域裡面發展他自己的特色。

父母要多瞭解孩子在各個階段的心理發展，聽出孩子內在的聲音；多關心、陪伴他，多一點耐心，尊重他獨立的意志，以引導的方式取代限制，建立友伴關係。若能如此，溫馨有效的對話場景便能順利展現。

歡喜作優質父母——生命教育Go! Go! Go!

◎陳蔡榮美
國家文化總會生命教育推行委員會執行長

以「和顏、愛語、讚美」
的態度面對他人，
便能讓自己與他人愉快地互動；
當然，也能與孩子及家人建立良好的關係，
成為優質父母。
這便是給孩子的最好的禮物。

■孩子一定要比自己強？

大多數的人都聽過一句話：「孩子，你一定要比我強！」，這是許多家長內心深處的期許。父母常將很多的期待放在孩子身上，希望孩子比自己更好。但問題是：如果父母自己不懂得方法，如何讓孩子好起來？

我以前常常告訴兒子：「兒子啊，你以後要爲陳家爭光！」，在我看來這是一種鼓勵，但對孩子來說卻是一種壓力。爲什麼當時我這個笨媽媽會這樣告訴他呢？在我們的親友裡，我的兒子算是資優的；而且因爲我是老師，大家都會覺得老師的孩子理當表現得比別人強。所以，我的孩子承受了雙重壓力。

因爲父母對孩子的要求太多，所以孩子也很難達到父母心中「好孩子」的標準。孩子有孩子的世界、大人有大人的世界，千萬不要以自己的立場與眼光來看待，這樣會讓孩子過得很不快樂。就像我要求兒子爲陳家爭光，因爲有這麼大的壓力，求好心切，導致他高三時，因爲擔心自己考不上大學，而不敢參加聯考。

常聽人家說「歹竹出好筍」；有些父母的身分地位並不高、並不傑出，但是孩子成績很好、很有成就。但也有「好竹出歹筍」的情形：父母的成就、教育水準及社經地位都很優秀，但是孩子卻不長進、沒什麼才能。什麼是「好」？什麼是「ㄎㄡ」？其實，這些觀念都是社會論斷、比較的心態；這些想法的背後，受到社會文化及價值觀很大的影響。探討生命，就要探討這些原因，看清我們受到的影響、束縛，進而提昇心靈的淨化，使生命更自在。

我們若希望孩子健康成長，就不要一直強調「孩子，你一定要比我好。」因爲，這不僅是在貶低自己——好像自己還不夠好，也是給孩子壓力。我們與孩子互動一定要改變思維、改變語言，用愛與接納來教導我們的孩子。

以前我有「自己做的一切都是爲孩子好」、「孩子一定要比我好」的觀念；當我去上了父母成長班之後，才知道自己有盲點。我的孩子眞的好可憐啊！我們將希望都寄託在他身上，這對他來說是不公平的。因爲如此，我透過不斷地學習，努力調整自己，也分享自己的成長歷程，努力推廣生命教育，希望大家能以我爲前車之鑑，不再犯同樣的錯誤。

■先教育自己

教育沒有什麼訣竅，只有兩個要點：一個是「愛」，一個是「示範」。

我們給孩子的愛，應是「無所求的愛」；但是，很多人給孩子的愛卻是「有條件的愛」。舉個例子來說，我們常會對孩子說：「乖一點，媽媽就買東西給你。」但是，考試考不好，回家就挨罵。很多孩子從小得到的和感受到的，就是「被有條件地愛」。

「示範」也很重要。對孩子而言，父母就像神一樣，因爲他所有的一切都來自父母；孩子會觀察，無形中便會模仿。但是，很多父母親都是「說」得到、「做」不到。比方說，我們教孩子要誠實，但自己卻對他人說謊；教孩子要遵守交通規則，卻在趕時間時闖紅綠燈。如此一來，孩子所得到的是不良的示範。

所以，我們要想成爲「優質父母」，便要先瞭解「生命教育」。什麼是「生命教育」？教育的對象是誰？我們首先要知道，「生命教育」要先教的是自己；因爲教育必須要示範，所以在教孩子之前，要先教育自己。

現階段參加成長活動的，仍以女性占多數，比例甚至高達百分之九十五；很多女性埋怨，自己努力成長，另一半卻不配合。但是，參加成長活動的女性，其實應該感謝先生；因爲先生將成長的機會讓給太太，自己在外面打拚。家裡只要有一個人改變，整個家庭系統便會慢慢隨著改變；只要妳有進步，整個家庭都會跟著妳進步。

要成爲優質父母，正確的觀念非常重要。十幾年前我曾到肯亞旅遊；有一天在參觀奈洛比動物園之後，因爲時間還早，我們就去參觀當地的「遊牧民族」。下車以後，看到一群瘦巴巴、皮包骨的老人及小孩子，身上及眼睛沾滿了蒼蠅，住的是牛糞築起來的房子。我們上車之後，也是肯亞人的司機先生告訴我們，剛剛所參觀的那個部落，因爲酋長不讓他們接受現代西方文明，所以生活及衛生條件很差；不僅又貧又髒，族人也普遍營養不良，一到四十歲就瞎了。司機先生他們那一族的酋長，則讓他的族人接受現代西方文明，所以他可以學會開車，並用簡單的英文跟我們交談，他們的村子也比較乾淨。

那個景象給我很大的衝擊，也讓我領悟到：小從一家的家長、大到一國的總統，觀念若是錯誤，就會造成家庭乃至於國家的不幸。

所以，家長要將孩子教育成優質的孩子，自己必須先成爲優質的父母。成爲優質父母的首要條件，便是要確立觀念；觀念正確，做法才會正確。

那麼，什麼是正確的「生命教育」觀念呢？我個人認爲，可以從個人自我認識、夫妻關係及親子關係三個部分切入。早期，很多家長參加活動，都是想學習怎麼教導孩子；但是，如果夫妻關係不好，孩子又怎麼能教好呢？然而，夫妻關係爲什麼會不好呢？因爲很多人不瞭解自己，不瞭解生命的本質。

■「身、心、靈」都要照顧

生命可分爲「身、心、靈」三個層面。

第一，一個人的身體一定要健康。現在的小學生，普遍有體重過重的狀況；有部分原因是飲食不正確，吃了太多的速食。身體若是不健康，擁有再多的財富、再好的學問，都是徒然。身體是生命的工具，雖然生與死都不是我們自己所能控制，但我們卻需好好地維護它。父母要做孩子良好的示範，比如不暴飲暴食、不抽菸、酗酒，這樣才能讓身體這個工具用得更爲順利及長久。

第二，是要注意我們的「心」。「心情」是影響身體這個工具能否發揮最大功能的重要因素。心情好，工作效率就高；心情不好，就像馬達無力、斷電一般。心情好不好，周圍環境的影響很大，尤其是父母親從小的支持是很重要的。父母要當孩子的支持者，孩子心情不好時，要爲他加油打氣；當自己心情不好的時候，也要自我探究，尋找原因。

第三是「靈性」。我們的道德觀、我們的良知，是要往上提昇的。我們常說，每個人心中自有一把尺；但是，很多時候我們會受不了誘惑，理智敗給了情感。所以，我們要學習清心，盡力提升自己的靈性。

生命教育，就是教導我們要照顧好身、心、靈這三部份；教養孩子則要顧及孩子的營養是否均衡、情緒好不好、有沒有給孩子正向積極的信念等。

■人的際遇跟家庭有關

有哪些因素會影響一個人的成就？中國人常說：一命、二運、三風水、四積德、五讀書。

「一命」：指的是先天的命。每個人生下來的環境都不一樣；成長條件不同，結果當然有差異。

「二運」：每個人都有不同的運；所謂「風水輪流轉」，每個人的一生都有高低起伏，沒有任何人一生都很順遂的。因此，遇到困難時要勇敢面對，不要只會埋怨。

很多人遇到挫折時會心生恐慌，並會問：「爲什麼是我？」而無法面對生命中的挑戰。我們一定要在心中培養一股力量，可以勇敢面對生命中的逆境及噩運，這是很重要的。只要活在當下、認眞經營，難關總會過去，不會永遠都是歹運。

「三風水」：指的是周遭環境。我們不必像風水師一般會看風水，但是我們可以去感覺一個地方的風水好不好——那是一種直覺。「人際關係」也是一種風水；我們經營好人際關係，跟他人相處得好，就會有好風水。

「四積德」：不一定是要布施錢財；口說好話、隨手撿一下垃圾也是做好事，也是積德。

不要以爲這些只是小事；世界上所有的「大事」，都是小事累積起來的。所謂積德，就像是在宇宙的「愛的銀行」存款。我們或許以爲這些存款自己不會用到，其實只要你有存款，一定會有回報，做起事來會很順利。

「五讀書」：爲什麼要讀書？每一本好書都是由作者們的心血及智慧所完成的，裡面的觀念可以開導我們處世的方法，生命便會因此轉變。古人說「活到老、學到老」；身體這個工具要吃東西供給營養，頭腦也要不時地給它營養，不然便會退化。不斷地補充新知，生命才能夠有所改變。

要讓孩子喜歡念書，父母便應從自己做起；否則，若只要求孩子讀書，只怕會越讀越「輸」了。

■家庭和樂很重要

以上幾個因素，都會影響一個人的一生，而這些都跟家庭有關。家庭不只是製造人的「工廠」，同時也是製造幸福的工廠。如果家庭很和樂，孩子也會很快樂；若是父母爭吵不休，孩子也會沒有安全感。

我認爲，所謂的「專家」，便是知道做事方法、知道解決問題密碼的人；但是，有多少父母眞的是教養子女的「專家」呢？

很多人並沒有念過「父母學」或考取「父母執照」才來當父母的；結果，父母做得很辛苦。很多人說，自己當了父母之後，才知道父母親的辛苦；其實，爲人父母者若都能先修這門「父母學」，瞭解教育有「關鍵期」，知道孩子每個階段的變化與需求，便能因應孩子的需要，給他安全感，讓孩子過得比較快樂。

而且，不要以爲「乖孩子」就沒問題；有時候，乖巧聽話的孩子內心可能也有很多的創傷，是我們不知道的。父母要讓孩子感受到自己的心被父母瞭解，他有事情才願意告訴你，不會放在心裡面。

人性可善可惡，可以向上提昇，也可能向下沉淪。沒有純善或純惡，人是會受到環境影響；有溫暖支持而安全的家庭環境，孩子的內心才能獲得安全感，孩子的發展才會跟著好。

並不是說夫妻就不能吵架，只是單純地忍耐也不正確；但是，和好後一定要告訴孩子，並讓孩子知道父母之間的爭執跟他無關。因爲，年紀小的孩子會以爲你們是因他而吵架，他會恐懼、會有罪惡感，進而影響心理人格的健全發展。

所以，夫妻吵架和好後一定要告訴孩子，讓孩子知道如何「吵架」及怎麼和好，孩子的心理會比較健康。

■「愛」的必要元素

家庭既然是製造幸福的工廠，那就一定要有愛。愛有幾個必備的元素：

第一是「接納」。不論你的孩子是美是醜，都要完全接納；存著感謝上天賜予你這個禮物的心情，就能好好地珍惜他。孩子並非是父母的附屬品，不能隨自己的情緒而打他。同樣地，我也不贊成學校體罰，那是很不好的示範。可以罰站，但不可以打，這會傷害孩子的自尊。要尊重孩子是一個獨立的個體，這點非常重要的。

第二是要「瞭解」。要瞭解孩子個性的優缺點與他的特質，並讓孩子能充分展現他的特質，以培養他的自信。

一般的家長都不會彰顯孩子的特質，只是一味想修補孩子的缺點。心理學有所謂的八大智能，父母應該找出孩子的優勢，讓他盡情發揮。並不是所有的孩子都一定要以上建中、北一女爲目標，而是要觀察他的興趣與智能發展；若孩子喜歡繪畫，就讀美工相關科系也是很好的選擇。

很多人沒有開發自己的潛在能力，因此過得不快樂，只能應一般社會需求地過活：在學校認眞念書，在社會上認眞做事，就這麼過一天算一天，沒辦法感受生命的甜美。所以，我們應該從小引導孩子探索自己、瞭解自己，開發潛能，找到生命的動能。

第三是「包容」。讓孩子知道，他在家裡是被包容的，不會因爲犯錯而失去家人的愛。

第四是「相信」。相信每一個孩子都是獨一無二、與眾不同的，不要和別人比較，包括自家的兄弟姊妹。

第五是「肯定」。肯定孩子的作爲，並且用善意去解讀孩子的行爲，不要預設立場。

第六是「關懷」。關懷是一種支撐的力量，要讓家庭成爲孩子的避風港及加油站，家庭才會和樂，孩子才有元氣；同時也要給另一半及自己關懷，懂得愛自己。

除了關懷，也要訓練孩子做家事，不要讓孩子成爲讀書的機器。最後，要給孩子「讚美」；要學會看見孩子的優點，不要認爲孩子好的行爲是應該的而吝於給予讚美，並且要具體地告訴孩子。

■每個人都是獨一無二的

每一個生命都是獨一無二的，都是最尊貴的；即使雙胞胎，也不是彼此的複製品，他們的想法不會相同。每個生命我們都要尊重、珍惜。

在這個世界上，每個人每天都只有二十四小時，每一個人的成就完全是靠自己付出時間與努力而來。「天生我材必有用」、「三百六十行，行行出狀元」，每個人都有特殊才能；自己與父母所要做的，便是去發現及發展個人的特殊才能。

有些孩子非常厲害，看書很快就懂，過目不忘。有些人的音感很好，聽了一首音樂，很快就會哼會唱。有的人的嗅覺很好，能精確地分辨每一種香水的味道，是玉蘭花或是玫瑰、茉莉等；一般人只知道那是香味，卻分辨不出來是什麼花香。有的人舌頭味覺很敏銳，一嘗某種料理，就知道它用了哪些食材；更有些人不但知道料理中放了哪些食材、佐料，還能知道是哪家店所生產的。有些人手很巧、很會修理東西，任何壞掉的物品，一到他手上都能修好。有的人第六感很敏感，有人則是飛毛腿……

我們要先找出孩子的特殊才能在哪裡，不要只看學校的成績，因爲成績只是考孩子對課業的記憶及理解力。例如，有的小孩從小很喜歡塗鴉，那就讓他盡情畫圖；不要以爲當畫家沒「錢途」，一旦闖出名號，就能名利雙收呢！同樣地，作爲父母，要當一個識貨的父母，知道孩子的才能所在。每個孩子絕對都有天生的才能，要賞識自己的孩子，相信絕對有他可以發揮的地方。

我們還要知道：每個人不論長得美麗或是醜陋、聰明或是愚笨、學歷高或低，是富豪或是在路邊乞討，每個人的生命都是平等的。我們在這個地球學校，就是來學習的；這個學校很特殊，這個大教室裡的學生素質參差不齊，年紀也各不相同，但我們都是平等的，太陽普照大地，空氣供給萬物，陽光、空氣不會因好人、壞人而有不同待遇，只是無私地潤澤天地間的每個生命。所以，我們也要尊重每個生命，因爲生命是平等的；生命平等，職業當然無貴賤之分。當你瞭解職業無貴賤時，你才會快樂，才不會有自卑感。

■工作是為了服務

人們要有職業、要工作，除了是爲賺錢來養活自己及養家外，職業其實還有其另一個意義，而不只是謀生；作生意也不是只有「買賣」對價的關係而已。工作的眞正內涵，是讓我們去服務別人，讓我們的靈性提昇。

所以，抱持一顆感恩的心很重要。我常在搭計程車之際，一上車便說：「司機先生，感謝你。」我認爲，他爲我服務，所以要感謝他；但是，有些人卻認爲：是我給你錢賺，你爲我服務是理所當然的。對雙方來說，態度不同，心情上就會有不同的感受。

有一次我在南部演講，因爲時間太晚，我先生擔心我的安全，就要我住一晚，不要搭計程車趕回來；但是，因爲隔天一早我有課，還是決定上路。那一天晚上下著毛毛細雨，我看見一位小姐招了一輛計程車，車子停下來開了門，那位小姐望了一下卻不坐；於是我就上了車。

我一上車就對司機先生說：「感謝你！」司機先生說：「我要感謝妳才對。」我說：「我應該謝謝你；感謝你這麼晚了還辛苦地爲我服務，讓我能提早回家。」

他說：「我要感謝妳給我錢賺；更重要的是，這麼晚了妳還敢坐我的車。剛才那位小姐，看了我的臉就不敢坐上車了。」他接著又說：「如果每個客人都像妳這樣就好嘍！」

我除了祝福他生意興隆之外，還告訴他一個讓生意越來越好的「撇步」：有客人上車，就說「感謝你」，客人下車時也要說「感謝你」；每天要開車出去時，也要向車子表達感謝，聽聽車子的聲音、擦一擦車身，感謝它每天讓你服務很多客人。生意不好時別洩氣，反而要感謝老天讓你能休息；生意好的時候，要感謝車子讓你服務很多客人，而不要只說「感謝你讓我賺很多錢」——不要將賺錢放在最前面。內心存有感恩的心，任何事都會越變越好。

■養成「感恩」的習慣

「感恩」這兩個字拆來看：「感」字是一個「咸」和「心」，「恩」是一個「因」一個「心」；也就是說，你心裡有感動、感受，你才會感恩。感恩之前，要先懂得「知足」；懂得知足，才會常樂。很多人慾望不能滿足，所以不能常樂。懂得知足常樂及感恩，就能夠懂得尊重別人；人與人之間愈能互相尊重，社會上的不幸就會減少許多。

即便像在路上乞討的人，我們不只要幫助他，同時也要尊重他。想想看，乞討的人是不是也很有勇氣？他逼不得已而拋開了自尊，我們也應該尊重他有這樣的勇氣，而不要輕視他。在我們這個社會裡，一般人對有錢有勢的人才會「立正敬禮」，對於一般的小人物或是低收入者便不懂得尊重。我們絕對要改變這樣的觀念，社會才會改變。

我將生命以水來做比喻。我們小時候就像清水一般地純潔；在成長的過程中，就像是在清水裡加進了各種顏色，因此愈來愈無法看透生命的本質是什麼。所以，一定要先淨化，還原水的清澈；也就是要先淨化心靈，才能看清生命的本質，生起感恩的心來服務他人。我們切莫說：「我辛辛苦苦地工作，卻賺沒幾毛錢。」一個人會這樣貶低自己，也就會去看輕別人。各行各業都有它的功能，我們都要感恩；例如賣小吃的攤販，我們要感謝他解決了很多人吃的問題，很有貢獻，不應該瞧不起這些小攤販。

若能心存感恩、口說好話，就會成就好事。像我告訴那位司機先生，要感謝他的車子，而且把它擦得乾乾淨淨，讓客人一上車就覺得很舒適而心生感謝；同時，當他也感謝客人時，周圍自然就會產生一種良善的磁場，好的心念就會互相感應凝聚，他的生意就會越來越好。

宇宙有一個原理：物以類聚。相同的心念會吸引在一起，感恩的心別人能感受得到，就會聚集在一起；因此，做事就會越來越順，這就是所謂的「心想事成」。所以，我們要養成心存感恩的好習慣。

■尊重自己及他人

要學習感恩，我們首先可以從尊敬及孝順父母做起。

生命教育有三個宗旨：第一是尊重生命；第二，我們要瞭解生存平衡；第三，我們要讓生活有秩序。在家庭裡，生活的秩序是：父慈、子孝、兄友、弟恭，夫婦要好合，這就是家庭秩序。我們自己有沒有做到呢？現代的父母常常反而會當「孝子」跟「孝女」——孝順兒子跟女兒；孩子要的東西應有盡有，對父母要的東西則能省則省——這是一位長輩發出的感嘆。若是如此，父母自己沒有作好榜樣，小孩會懂得如何孝順嗎？

有一回，公視的「台灣圓仔花」節目訪問我和兒子。主持人問說：「你媽媽怎麼教育你的？」我兒子說：「我媽媽不是教我，而是做給我看。」

我爸爸媽媽都還健在，我對他們都很盡心。我能盡心，或許是因爲我的爸爸對我奶奶很孝順，所以我就學我爸爸，很眞心地對待我的父母；我的兒子有樣學樣，便也這樣對待爺爺、奶奶，對我也很孝順。

我已有了媳婦及孫女，家中還請了一位保母幫忙做一些家事。有一次，保母對我說：「陳太太，你是怎麼教育孩子的？教育得眞優秀，他們對人都很尊重。」，因爲我們對待她就像一家人；每天她要回家時，我兒子就會對她說：「二姊，感謝妳！」。

我們常常可以看到，台灣有些老闆或雇主對於外勞的態度，並不是很尊重；保母說出她心裡的感受：一般人即使是被請託而去幫忙做家事、帶小孩，純粹是人情上的幫忙，但心理上還是有那種「上對下」的不平等感覺；而在我們家，她深刻地感受到我兒子對她的尊重。

我也非常尊重我兒子。我的事情都儘量自己做，不要麻煩兒子；因爲時代不同了，每個孩子都要照顧自己的孩子，忙自己的事。以前是農業社會，大家住在一起，可以互相照顧；現在則是小家庭，孩子很難再撥出時間照料父母。我私下眞的覺得，年老之後可以住進養老院，跟年紀相近的老人們在一起，大家互相作伴，有自己的生活天地。所以，不要一聽到住進養老院的事情，就覺得子孫不孝，甚至覺得被遺棄了。

生命是每個人自己的；你要尊重自己，但也要尊重別人，不要常常自以爲是，或越俎代庖。

舉我自己的例子來說。兒子國中畢業後考上前三志願的高中，高三時卻留級，然後轉去念了一所名不見經傳的學校；畢業前他對我說，他不考大學，要去開計程車。他的話讓我這糊塗媽媽猛然警覺省思：我的教育出了什麼問題？痛定思痛，上了很多父母成長課程後，這才瞭解，原來我是個不及格的媽媽。是兒子教化了我，讓我看到自己的盲點，是我給了他很大的壓力。

後來兒子力爭上游，還是上了大學。大學畢業後，在自家的公司做事，承擔起事業的重任，在公司帶領員工打拚，勝任愉快。我很欣慰，自己的成長，能帶動兒子有這樣好的轉變。

■我好、你好、大家好

這個世界是共存共榮的，各行各業都是在爲這個社會進步而努力。職業無貴賤，只要盡自己的本分，努力付出，只要「我好、你好、大家都要好」，這個社會才能更好。

打個比方：如果你很幸福，住在一間富麗堂皇的豪華別墅，但是周圍的人生活品質都不好，好像住在貧民窟，你會快樂嗎？我想會打折扣。若是我知道開啓幸福的鑰匙是什麼，就很願意將這把鑰匙交給大家，跟大家共同開啓，一起享有幸福，這樣就會創造更大的幸福。

人類的進化歷程，必須跟大自然抵抗以及與其他生物競爭，所以自己生存下去比較重要。但是，進入二十一世紀，絕對不是對自己好就好，二十一世紀是合作的世紀，要與人合作才會有更大的力量。

家人也是合作關係，這種關係就要從夫妻開始。兩個人要合作，彼此要很「麻吉」；兩個人之間的距離若是很遠，是沒辦法合作的。彼此的心一定要相連，目標要一致，腳步也要往共同的方向邁進。

所以，要教育孩子，便要先釐清自己的價值信念，讓自己更清楚方向，才能和伴侶同心協力，一起教育好下一代。

■和顏、愛語、讚美

我們人類最珍貴的就是有感情、會微笑；一個人的臉上若是沒有表情，大家看了會感到緊張。

同樣地，我們每天帶著微笑面對孩子與家人，微笑像陽光，會帶給孩子及家人溫暖；若是一早起床就唉聲嘆氣，甚至橫眉怒目，孩子看了會覺得恐慌、沒有安全感。我們給自己最好的寶藏，就是要和顏悅色，常常面帶微笑。

其次要「愛語」，也就是說關心的話。埋怨、批評、責備的話不要講；而要用關心、鼓勵的話來代替，這樣孩子才有元氣，能量才會提昇；若是動不動就挨罵，孩子內心當然會充滿不安。還有一個是「讚美」，能帶給他人自信。「和顏、愛語、讚美」，正是讓我們生命發光發熱的方法。

我們都是自己的主人，只要隨時用和顏、愛語及讚美，讓你及別人的生命發光、發熱，就會到處受人歡迎；絕對不會有人看到你，就覺得要「保持距離，以策安全」，因爲你的臉不會糾結在一起，讓別人擔心一不小心就會得罪你。

所以，以「和顏、愛語、讚美」的態度面對他人，便能讓自己與他人愉快地互動；當然，也能與孩子及家人建立良好的關係，成爲優質父母。這便是給孩子的最好的禮物。

陪孩子認真過每一天

◎錢永鎮
生命教育推動教師

每一天，
都可以看作是一場人生的小縮影；
要擁有富理想、
高品質的幸福人生，
就要從認真過好每一天開始。

有一天，孩子問我：「爸爸，你常談『生命教育』；那麼，什麼是生命呢？」

我一時愣住，不知該如何向孩子說明。「生命就是你還活著，死了就沒有生命呀！」我試圖用孩子聽得懂的語言解釋。

「這我也知道。我問的是：什麼是『生命教育』呀！」

「『生命教育』就是要讓你的生活過得很好呀！」

「我很好了呀！」

「眞的嗎？那你成績不好的時候，你也很好嗎？」

「是有點心情不好，但也不會太糟呀！」

對話過程中，我發現孩子對自己的一生其實觀念還很模糊，倒是很清楚自己一整天過得好不好。於是，我得到一個心得：跟孩子談生命、生活，還不如跟他談一天該怎麼過。

一天，恰似一期生命的縮影；由一天的生活品質，或可推知一輩子的生命品質。因此，如何讓孩子每一天都過得有理想、有品質，過得很心安理得，就値得細細探討了。

■睡得飽，學得好，長得高

要談孩子一天的生活，就要從睡眠談起。

睡眠對國小生和國中生尤其重要，因爲睡眠品質的好壞，著實影響著他們的成長及學習成效。研究顯示，睡眠分四個層次；進入第三、第四的沉睡期時，才能將一天的種種所學，像圖書館那樣地整理清楚、歸檔就序，這樣的記憶也才能長期保留。若是睡不好，頭腦無法有效地重整訊息，結果就會像倉庫裡堆滿亂七八糟的雜物般，突然要用時一定遍尋不著。因此，要讓孩子睡眠充足，睡得很好，才能發揮整理記憶的功效。

然而，父母如何得知孩子是不是睡得好呢？有一個簡單的檢視方法——觀察孩子會不會做惡夢。沉睡時的夢境不會被記得；若是處在第二階段的淺睡期，就會記得所做的夢；如果做惡夢，就表示睡得不好，更遑論半夜會因夢魘而驚醒了。有些人，即便只是午睡，也會一覺醒來驚覺桌上或枕頭上口水一片；雖然有些不好意思，但覺得精神飽滿，這就是已經進入沉睡的層次了。

要睡眠品質好，倒未必是睡得愈久愈好。生理學家研究，一個人的睡眠時間平均需要六到八小時，但也因人而異；我兒子就要睡足九到十小時，否則還會發脾氣呢！

睡眠除了影響孩子的學習成效，還會影響到他的成長。因為，沉睡時身體會分泌一種成長激素，尤其是國中階段（青春期）；若是因升學壓力大，而焦慮到晚上睡不著，就可能長不高。有些孩子在課堂上呼呼大睡，睡到同學推他、吵他都不醒，那就表示他們要開始長高了；因為孩子在快速發育成長時，就會有嗜睡現象。

一夜好眠後，孩子的起床方式也各不相同，大約可歸納成三種。一是被動起床。每天都要父母親他、喊他、拉他、強迫他，拗了大半天才會起床。有人則是設定鬧鐘。有些人把鬧鐘放在旁邊，鬧鐘一響就「啪」一下關掉，再繼續睡，最後還是得由父母叫他起床；所以，鬧鐘不可放在伸手可及之處，而要放在非得下床才能關掉的地方才有效。還有一種是時間一到就自動起床；這種孩子的規律性高，他們不但起床的時間很規律，連睡覺的時間也很規律。

好的起床習慣要從小長期培養，父母不可輕忽。為了孩子的成長，必須多付出耐心來教導，包括起床後的行為和想法，也著實影響孩子一天的心情。

■動作加快，想法積極，給予擁抱和祝福

「一日之計在於晨」，起床後的動作要快，才會有精神，而且要有正面、積極的想法。

從起床、盥洗、整理書包，到吃早餐然後上學去，從這一連串動作的快慢，就可以看出孩子的生活節奏和效率；若是進行得慢吞吞，孩子顯得無精打采，不妨督促孩子加快速度，就能感到精神抖擻。稍快的生活節奏，能讓孩子產生力量感，進而覺得活力充沛、信心十足。

而起床後的想法更是重要。起床後能跟自己說些好話，是一輩子的好習慣；反之，如果說些喪氣話，那這一天可能就毀了一半。父母千萬不要對著剛起床的孩子說：「完了，今天怎麼會是陰天？」那會讓心情跟天氣一樣陰霾；也不要把糟糕的情緒掛在臉上昭告天下。我常鼓勵孩子：「起床時，我們要很努力地跟自己說，今天我一定會很認眞、投入、有收穫！」在日本，如果家中有人要聯考，父母就會帶著全家人到公寓的頂樓，頭上綁著「必勝」布條，然後大聲喊出：「XX必勝！」據說，這對孩子的影響很大。

營養的早餐十分重要。父母可以準備好牛奶、優酪乳、起司片、多穀物食品、全麥土司等，教孩子學會使用烤麵包機或微波爐，並告訴他如何變化一個星期的早餐，然後由他自己設計自己的每一天的早餐，父母只要注意營養是否均衡即可。

吃早餐時不妨放點音樂，能有效紓緩孩子緊張的心情。

放什麼音樂呢？若要心情平靜，建議聽巴哈的音樂。有一回吃早餐時，我放了「布蘭登堡協奏曲」，這部曲子比較注重平均、對稱，所以很和諧。孩子就對我說：「爸爸，今天我們家比較有氣質呵！好像在宮廷裡面。」因爲迪士尼影片中的宮廷場景，都是搭配這種音樂。

曾有報告指出，要讓乳牛分泌較多的牛乳，就讓牠們聽莫札特的音樂。當我播放給孩子聽時，從他們吃饅頭的動作，就可以感受到他們很享受這輕快的旋律。至於可不可以聽國樂呢？當然可以；但要挑選較活潑熱鬧的，才能有提神醒腦的功用。可別挑古琴，那比較適合在晚上、安靜時聆聽。

還有一項不可或忘的要點——擁抱與祝福。早晨是我們體力好但頭腦還不清醒的時候，父母不適合在此刻問孩子成績，也不要對孩子質疑某些事情；因爲此時體力充沛，一旦有衝突，吵起來都很兇；萬一一大早就起衝突，那可能一天都毀了。若真要進行討論，心理學家認爲黃昏是最適當的時機，因爲這時大家都有些累了，力氣不大，比較不會動怒，才能平心靜氣地討論事情。而早晨最好的肢體語言是「擁抱」，也可鼓勵孩子幫父母泡杯牛奶，用動作來表示關懷。

早上出門前，我會主動對孩子說：「祝你今天快樂、很有收穫！」「你今天一定會過得更好！」我們還會一起互道：「Give me five！加油！加油！」而且，我們還發明了一種空中握手的手勢來表示「我愛你」；每次孩子要進學校時，我就對他做這個動作，他都會笑得非常開心，在眾人面前也不至於感到尷尬。有了愉快的心情，在學校就能主動跟師長、同學打招呼，建立好的人際關係。父母不妨跟孩子一起設計一個有默契的愛的訊號，長期去做，一定對孩子的心情有正面的影響，並能改善他們的學習效率。

孩子上下學的路線也要有所瞭解，清楚地知道孩子會經過哪些地方，有無誘惑和危險；若是沿途有很多遊樂場或網咖，最好是繞道而行。路途中若有熟悉的店家或同學住處，不妨前去拜訪，請求必要時給予孩子照應。

此外，零用錢夠用就好，不要多給，免得孩子因為身上有錢而受到誘惑，跟同儕去玩、去買東西；當然，還要確實掌握孩子回家的時間。

我個人還會教孩子自己做卡片，方便他利用早上起床、走路上下學等零碎時間學習。卡片裡的內容不必多；相關研究指出，一個孩子的記憶容量是七；亦即，如果要背單字，一張卡片最好只要寫上七個單字，不要超過十個；如果是數學，就寫兩個題目。可以利用各種空檔把卡片拿出來背或做練習；這個習慣可以持續用到國中、高中，而且是越早培養越好。

■給予自主空間，培養多元能力

孩子除了讀書以外，更要培養「勤勞」的美德；這其實與孩子起床後的想法和動作息息相關。以前我們的長輩都起得很早，他們的習慣是黎明即起，然後就開始一天的作息；小時候，我爸爸也教我一起床就要把家裡的家具擦拭一遍。反觀現在，很多家長並沒有按孩子的年齡去分配家事，這其實是在剝奪孩子培養多元能力的機會。

要讓孩子具備多元能力，就不能不訓練他的「自主」能力；簡單地說，就是「自己的事自己做」。

很多父母都忽略了應該給孩子「自主」空間。例如，小孩子開始學自己吃飯時，總會把周遭弄得亂七八糟，很多父母見狀心急，就乾脆拿他的碗筷直接餵他；這就是剝奪孩子的自主性，剝奪了讓他自己動手學習吃飯的機會。到孩子上學以後，有了功課壓力，很多父母便會對孩子說：「你只要把書念好，其他的我來幫你做。」於是，父母全成了孝順兒女的「孝子」；這也是剝奪了孩子的自主性。

孩子的自主性被父母剝奪後，就不能學會對自己的事負責，原來是他自己應該做的事，就反倒變成父母的責任了。例如，起床晚了，還會怪父母：「你怎麼不叫我呢？害我遲到！」這就是父母要承擔的後果。久而久之，他們怪罪別人的事情只會越來越多。因此，要培養孩子的責任感，就該讓孩子自己洗碗、洗手帕，自己穿鞋子等等，讓他「自己的事自己做」；而且，隨著年齡愈大，還必須給他愈大的自主空間。這是相當重要的管教原則。

若沒有了「自主性」，就會失去「主動性」。常可聽到老師們感慨現在的學生太被動，不給他們壓力，不逼、不叫，他們就不做。爲什麼孩子會失去主動性呢？

一般而言，孩子的好奇心都很強，感到好奇的東西都想碰；若是父母因爲擔心危險就不讓他們接觸，久而久之，孩子便會降低主動追求知識的欲望。因此，父母不妨設定一個安全範圍，在範圍內讓孩子盡情去探索，而不是一味禁止。

有一次，我家老二問我：「爸爸，爲什麼麵泡好時會那麼燙？」「當然燙嘍，因爲它是熱水呀！」他又問：「那爲什麼熱水會燙？」諸如此類地一路問下去，一直問到我不知如何回答，最後只好生氣地說：「吃麵就吃麵，有什麼好問的！」

相信很多父母都有相同的經驗；一直問「爲什麼？」，是孩子在學習過程中常有的情形。其實，這時應該跟孩子說：「對呀！爲什麼呢？我們一起來研究一下。」或者說：「我們一起來查查看哪些書有答案。」跟孩子一起探索，才能培養他們主動追求知識的興趣。

根據心理學研究，國中以下的孩子，他們的反應多符合「行爲學派」所觀察到的。例如，看靈異節目或聽鬼故事，小孩子一開始並不懂得害怕，而是聽到別人驚叫或看別人跑掉，他才跟著跑，然後才得到「害怕」的認知。換言之，父母應該讓孩子先自己做做看，透過他本身的行爲體驗，再轉換爲認知心得；這樣的認知，就能在未來幫助他自己。

因此，不要一開始就讓孩子憑空發想計畫，應該讓他先做做看，再和他檢討如何調整得更好；甚至先由老師訂立讀書計畫，讓孩子按部就班進行，達到某種嫻熟程度以後，才讓他自行安排屬於個人的各種計畫。

孩子做好自己的事後，父母就要不吝給予讚美。我們不可能憑空一直稱讚孩子很棒，而是讓孩子做他做得到的事，然後再讚美他，那效果一定加倍。例如，請孩子幫忙泡杯茶，他泡來給你喝了，你就滿意地說：「不錯呵，茶泡得恰到好處，你很體貼呵！」這樣的讚美不僅很有效，而且很容易內化成他自己的能力。

若想延續這種讚美，有個方法叫做「逐步養成」。例如，請孩子在半小時內背完一些單字。剛開始孩子一定會說他做不到；可是，半小時後他若能背給你聽，你就可以大大讚美他：「哇！你好棒呵！說到做到！」換言之，就是設計許多方式來讚美孩子，讓他實際證明自己眞的很不錯。

我兒子小學三年級第一次煎荷包蛋時，我們特地爲他拍照留念；因爲，這是需要手眼協調的動作，對小三的孩子而言可沒那麼簡單。我們一步步讓孩子慢慢做，然後讚美他的成果；如此不但能訓練孩子的自主能力，同時還能建立他的信心。

■幫助孩子適應，傾聽孩子敘述

有些孩子的敏感度較低，常會撞到人或弄翻桌子，我大兒子就屬於這樣的孩子。有一次，他向我抱怨老師不公平，全班有五、六個人在講話，可是老師只罰他一個；細問之下才知道，他總是那最後一個在講話的人。因爲，敏感度高的孩子一聽到老師的腳步聲，就立刻正襟危坐；而敏感度低的孩子，則通常要等到老師站在他面前，才會意識到老師來了。此外，若我叫他去做功課，他的第一反應通常是：「爸爸，你在叫我嗎？」他會先搜尋聲音的來源，再確定你叫他做什麼，最後才開始行動。

這對父母與老師的耐心是滿大的挑戰。如果看他慢吞吞而開始發飆，孩子一定覺得很委屈，因爲他根本沒有搞清楚你要他做什麼。對於這樣的孩子，別一大早就一直催促、使喚他，應該多抱抱他、鼓勵他：「爸爸很欣賞你，你眞的很不錯！」

每個孩子的適應度不同，可從三個方面觀察。第一是「環境適應」。如果孩子到一個新學校，喜歡在校園東逛西逛，看看圖書館、總務處在哪裡，那就表示他的適應能力很好。有些適應力差的孩子，甚至連上廁所都會選同一間！這樣的孩子，最好等他長大成熟些，再讓他到外地讀書。

其次是「人際適應」。要讓孩子交三種朋友：一是「生活上的朋友」；就是一起上下學、上廁所，很容易就建立友情的朋友。這種朋友對孩子很重要；通常，在學校會被欺侮的孩子，都是個性較獨立和孤僻，較不願交朋友或不容易交到朋友的人。

第二種是「學習上的朋友」。如果數學不好，就交一個數學好的朋友；地理不好，就交一個地理好的朋友；這是學習夥伴，可以讓孩子之間有互相成長的機會。因爲，在這個階段，同儕的影響力往往大於父母和老師。

第三是「知心的朋友」。這就需要用心去找，也許還要碰點運氣，並沒有想像中容易。如果孩子的人際適應能力佳，能交到各種好朋友，對未來將有很大的幫助。因此，父母與老師應加強合作，來協助孩子交到好朋友。

另一個也需要老師和家長合作的，就是提昇孩子的「學習適應」。如果孩子的學習效果不佳，父母就該和老師溝通，找出原因；是孩子不習慣老師的講課方式，還是預習不夠、進度太快，以致無法消化授課內容。當然，應該要養成課前預習的習慣，提醒孩子在早自習時把當天的課程內容預習一下；若有覺得困難的部分，上課就要特別用心聽講。對於適應力較低的孩子，父母與老師就必須更有耐性來等待孩子克服困難。

父母應該多關心孩子在學校的狀況，關心孩子上一天課下來看到什麼、學到什麼、發生什麼有趣的事。父母要撥出時間傾聽孩子的敘述，再付出耐心與他對話，一起檢討一天所學的利弊得失，這就是在訓練孩子的「後設思考」——也就是「思考自己的思想的能力」；孩子進行敘述的過程中，就在訓練自己整理及思考的能力了。

如果父母無法教導孩子功課，最起碼要做到傾聽。當孩子能夠如數家珍地敘述一天的校園生活，那表示學習狀況很不錯；若大都回答「不知道」，則很可能有著學習焦慮，就必須多加鼓勵他。父母可在孩子放學回來的傍晚時分，和孩子談談一天的過程，回顧學習的內容；這個角色由爸爸來擔任的效果會比較好，因爲媽媽總是容易被認爲是「嘮叨」。

孩子放學回來，爸爸以輕鬆的方式和孩子閒聊，可以自然地聊班上的事情，例如較欣賞哪些人、他們的優點是什麼；又有哪些人是較不喜歡的，爲什麼？藉由這樣的過程，讓孩子去瞭解他周遭的同學。孩子講得越多，對他的學習思考越有幫助。

■學習紓解壓力，認清多元價值

有人說現在的小孩子多半是「草莓族」，抗壓性很低。「抗壓性」又叫做「挫折忍受度」，如果壓力大時，你覺得還可以忍受，不會影響到生活，這就表示抗壓性高。「挫折忍受度」或「抗壓性」的高低，首先決定於過去處理失敗的經驗好不好，是否有人從旁協助。

人不可能完全沒有壓力。其實，有點壓力是好的；若孩子在考試前不緊張，那父母可要緊張了。適度的壓力也常能激發出正面的力量，達到更好的效果。例如，父母答應孩子，若考得好，就帶他去參加偶像的簽名會；可能孩子會爲此更加努力而獲得優異的成績，這就是「有效的壓力」。

面對過度的壓力，要學會排解。小時候遇到挫折就會哭，因爲哭一哭就沒事了。「哭」是一種忍受挫折及解除壓力的好方式；當孩子感到悲傷沮喪時，不妨引導他哭出來；不要認爲哭是懦弱的表現，否則更會造成壓力的累積。然後，試圖跟孩子談一談，支持著他的心靈，幫他釋放壓力。

此外，要讓孩子知道，有些壓力和挫折是有時間性的，時間過去就消失了。例如舉重，這也是一種壓力；但三分鐘後放下來，也就放鬆了。很多學生在考試來臨時感到壓力很大；這時候，父母光勸他不要緊張也沒有用，不妨安慰他：「沒關係，考完試，你就沒有壓力了。」應該學會讓時間去解決壓力。

面對壓力，還有一個更積極的解決方法，就是先認識壓力來源。父母不妨檢視孩子的壓力源是否來自於成績不好，而成績是他唯一的價值嗎？若是，當他考不好，這唯一的價值感失落了，自然找不到人生意義，嚴重者甚至可能自殺。

壓力源與價值觀息息相關，而孩子的「自我概念」是決定抗壓性的最關鍵因素孩子若是覺得自己不夠好，抗壓性也一定不好；自我概念好的孩子，才能面對壓力，自然抗壓性就強。我大兒子的自我概念就建設得很好，他從不會將功課當成唯一的價值，不會因爲成績考壞了，或是某個同學不喜歡他，就覺得自己很差。

人生是豐富的，因爲每個人都同時扮演很多角色，有著各種工作和責任，有家人、朋友和嗜好，成績只是其中的一項而已。我們希望孩子過得好，就要幫助他們認清多元價值，千萬不可窄化到只剩下單一價值。有多元價值觀的人，就不必害怕失去某一項，抗壓性自然增強；因爲知道自己還擁有很多很多，人生還是很幸福。

■樂於追求新知識，依特質發展未來

孩子回家做功課，可分爲四段進程。第一段爲「準備」；遇到討厭的科目，可能得花掉大半小時才能做好心情準備；如果接下來又遇上一道道不會寫的難題，那就眞的讀不下去了。我的建議是，測驗卷的出題順序應該由易入難，讓孩子一開始能得心應手，才有信心應戰下去。除了心情的準備，讀書環境也要準備妥當，不要有電視機、偶像照片或其他書籍來干擾。

接著進入「專注」階段。如果孩子在讀書的同時，還很清楚父母在做什麼，可能就不夠專注，讀書效率也就不佳。能夠專注，才能進入「忘我」階段。要達到忘我並不容易，必須對那個科目很有興趣，學起來很有成就感。

最後是感到「疲倦」。如果這時換讀另一個較沒成就感的科目，又從「準備」階段開始，學習的時間便又會拉長了。所以，父母有必要協助孩子安排做功課的順序。

如何協助孩子呢?可利用「家庭聚會」。每個家庭每週都應該有一次深度談話的時間，藉此更加瞭解孩子的性向、學習狀況乃至將來的志向；重要的是，父母要讓孩子體認到追求知識的樂趣。

我大兒子在國小三年級的最後一次考試，竟然考了全班第一名!他能從班上倒數第三名變成第一名，眞不可思議。聽說，那次是老師出題太簡單，全班就有十八個第一名。後來開家長會時，我就大大讚美老師的這個失誤，讓孩子覺得這是他生命當中最有意義的一次考試；我們還把這一天訂爲家庭紀念日。升上四年級後，排名只有前十名，孩子都開玩笑地說他是「第十一名」。他一直是個天性很樂觀的孩子。

大兒子的注意力較分散；每次到餐廳，他都能很快發現空位，因爲他是用掃瞄的，對環境的掌握力很好。也許，將來踏入社會，這個特質能成爲他在職場上的優勢。但相對的，他的專注力較差，目前在學校就顯得比較吃虧了。我總說他很適合當總統的保鑣，也很適合去做現場管理工作，監看流程。反之，老二比較專注，可能比較適合從事學術研究或是精密的技術。

又例如，大兒子會說：「我要圓的麵包、白色巧克力……」他眼睛裡看到的都是顏色與形狀；但老二就不同了，他問的是：「我可以分到幾塊？」他喜歡看數字，數學和邏輯概念都不錯。此外，大兒子的堅持度比較低，寫作業都要分期付款，一下上廁所、一下吃東西；不過，這種堅持度低的孩子有個優點，就是爲人很隨和，比較不會有人際衝突。老二的堅持度高，雖有助於讀書；但是，太過堅持的人也比較不快樂。我常想，也許老大比較有福氣吧？

老大偏好空間和顏色，我們就常陪著他一起觀賞料理節目、百工圖、藝術創作等之類的節目。有一天，他說他想當麵包師傅，我們就眞的送他去學麵包。現在，他已經會做蘋果派、南瓜派、奶酪等等；回來做給我們吃，總會贏得我們的讚美。

我們細心觀察孩子的特質，用肯定的角度看孩子，才能依他們的特質做規畫。並非一定要念普通高中然後上大學才有前途；與其作一個失敗的老師，還不如當一個成功的麵包師傅，不是嗎？順著孩子的特質，安排他走他可以走的路；路途上不論如何轉折，作父母的我們，一定要一路相伴，鼓勵他、支持他。

我常對孩子講家族的歷史；我們想要堅守的，是歷代祖先們相傳下來的那種安居樂業的生活態度，以及在生活中不斷追求知識的精神。每個家庭的家風或有不同，有的是要傳承「技藝」、有的要努力完成「企業」；至於對孩子們講述家族的故事，無非是希望他們尊重自己。要當麵包師傅也好，當漫畫家也行，無論哪一樣，只要能不斷追求新知、全心投入，創造出個人領域的價值，這就很值得尊敬，因爲他懂得認眞過好自己的每一天。

■睡前鼓勵孩子，教孩子學會感恩

最後，父母不管多忙，都要在孩子睡前鼓勵他一下；像是鼓勵他爲同學服務，並且感謝一天中給予我們幫助的人，讓孩子覺得能爲別人服務是一件很棒的事。這時候可以問孩子：「今天有哪些是我們需要感謝的人？」

我記得在某次的研討會上，我聽到一位女教授打電話回家跟他孩子說話，他問：「女兒呀！今天有什麼是值得我們感恩的呀？」

然後又聽她說：「對呀！老師對妳那麼好，我們應該要感恩老師。」

我聽得很感動，所以我就現學現賣，回家問孩子今天有哪些値得感恩的人？那時讀幼稚園的小兒子就搶著說：「爸爸，今天上課的時候都沒有人要跟我說話，只有一個人會跟我說話，所以我很感謝他。」雖然我一聽就覺得不對勁，但我沒有立即批判他，便繼續問：「那還有誰呢？」當時我老大才三年級，他就回答說：「有什麼好感謝的，那是他們該做的呀！」

現在的孩子對於日常的享用，太習以爲常了，都認爲那是人家該做的，毫無一點感恩心。因此，我就跟兒子說：「明天你自己上學，爸爸不載你了。」他才說：「好吧！那就感謝您好了。」所以，晚上睡覺前教孩子學會感恩，是很重要的習慣；讓他們帶著感恩的心入睡，爲這一天畫下圓滿的句點。

每一天的生活軌跡就是生命。期望孩子擁有幸福的人生，從教導孩子認真過好生命中的每一天開始，培養好的生命態度與習慣；以感恩的心，看待周遭的人、事、物，處處撒下善的種子，生命就能更臻圓滿。

管教子女的絕招——行為改變技術

◎馬信行
政治大學教育系教授

孩子是自動或被動，
其實都是由父母塑造出來的。
在行為改變技術裡，
父母可以利用「增強物」、
「剝奪」等方法，
幫助孩子培養好習慣。

父母教育子女或老師教育學生，如何才算教育成功？從演化的觀點來看，子代比親代傑出，才算成功。

然而，把孩子教養好其實是對自己好。因爲，孩子若出了問題，學校或警察第一個會打電話找你；若能將孩子教好，將來他能有所發展也懂得反哺孝親，你的生活及名譽也會比較好。

■抓住機會增強

父母都希望孩子能自動自發；但孩子的被動或自動不是天生的，而是父母養成的。有一次我去學校演講，有位國中老師說她是「鬧鐘媽媽」，因爲她每天都得叫孩子起床。她回廚房做事時，孩子又繼續睡；設法把他挖起來後，他卻又躲到廁所裡，怎麼喊都不出來，只是回應：「好啦！好啦！」下課回家之後，催他寫功課，小孩又要先看電視；本來說好只能從四點半看到五點，結果卻還是五點半以後才被催著去寫功課。像這樣一直在後面推動著孩子，不是很累嗎？

其實，每個人都有自己的需求，每一個行爲都是爲了滿足個人的需求。我們看看自己的行事曆就可以知道，我們每天所做的一切，都是讓自己的需求得到最大的滿足。以最少的時間、最少的勞力，獲得最大的滿足，這是心理學上的行爲理論。

人格是如何產生的？當某種行爲出現時若可以滿足需求，這種行爲將來出現的機率就會上升。每種行爲受到增強後，會出現得越來越頻繁，如此就會變成習慣，習慣增強以後就變成人格。

所以，習慣是從小培養而成，只是父母不知道已經在培養了。據近來行爲改變技術對於自閉症的研究，百分之七十的自閉症孩童，ＩＱ比較低；有些自閉症的孩子，父母常常疏於照顧他，花在他身上的時間較少，以致孩子經常有自我傷害的行爲。有行爲改變技術專家以實驗證明，孩子之所以會自我傷害，大部份是父母所培養的。

結論指出，當小孩在玩時，父母親不去理他；當孩子叫媽媽時，媽媽也不應；拉媽媽的裙子，媽媽卻只忙著做家事沒空理他；這時，小孩就會自己打自己，一打到媽媽出現照顧他爲止。之後，他每次都打到很嚴重，直到被注意了才會停止；有時媽說不要再打了，小孩卻打得更厲害。

小孩要媽媽陪時，媽媽不來，只有打自己的時候，媽媽才來；媽媽的關注，增強了孩子打自己的行爲。在這種行爲模式下，媽媽的關注不但不會消滅自我傷害的行爲，還有可能會愈來愈嚴重。

我們可以從孩子小時便開始觀察。有人做過實驗：爲何有些小孩愛哭，有些小孩不愛哭？愛哭的行爲是如何培養出來的呢？一般而言，小孩子會哭是尿布濕、肚子餓、蚊蟲咬、穿得太熱；如果這些問題都解決了還哭的話，就是要媽媽抱。如果媽媽聽到小孩子哭了，就趕快抱起來「惜惜」；據研究，這一組的孩子後來比較會哭。另一組是，孩子哭了就檢查一下，把尿布換了、餵過奶、確定寶寶身體也沒有不舒服，這時候不必抱他──因爲小孩在哭也是一種運動，媽媽就要等到孩子不哭時才來抱。如此，愛哭與不愛哭小孩的差距就產生了：在哭的時候抱，小孩就愛哭；不哭的時候抱，小孩會不愛哭。

在小孩學走路的階段，也分兩組來做實驗：小孩跌倒時，其中一組的媽媽就「惜惜」，這一組的小孩也會愛哭。另一組研究人員告訴媽媽，小孩哭的時候，告訴他跌倒了要自己爬起來；這時，小孩看媽媽不理他，就自己起來了。爬起來若因疼痛而想哭，這時媽媽就告訴他「勇敢的小孩不能哭」；如果小孩不哭了，媽媽就稱讚他「好勇敢呵！」這個小孩以後跌倒了就會自己爬起來，也較不會哭。

■不要剝奪孩子學習的機會

進入學校階段，有些家長很關心小孩；若關懷得不對，反而愈關懷愈糟。

比方說，小孩常忘東忘西，這些都是家長培養而成的習慣。看到小孩忘了帶便當或雨衣，有些家長是馬上送到學校去；這種家庭培養的孩子一定會很懶散，因爲有家長當後勤。另一種家長則是，孩子便當忘了帶，就收到冰箱裡不爲他送過去，讓孩子自己承擔後果，爲自己的行爲付出代價，看看下一次他還願不願意付出那麼大的代價？這時，孩子想跟同學借錢吃午餐，人家不見得會借；回家一趟又那麼遠，最後只好餓肚子。家長千萬不要心疼，小孩子一頓飯不吃不會餓壞的。

雨衣或雨傘忘了帶，也該讓他們自己解決。下雨了沒有雨衣怎麼辦？找個塑膠袋遮回家？還是和同學一起撐回家呢？或是等雨停再走？父母不要剝奪孩子學習成長的機會，要訓練他們解決問題的能力；只要注意，若是孩子淋著雨回家，趕快洗熱水澡，不要讓他感冒或有其他傷害就好。

讓孩子自己面對問題，學著解決問題，若解決問題的方法不是很好，父母可以給他建議，藉著討論找出可以解決問題的最佳方案。小孩的自動與被動，就是因家長的態度而形成的。

我高中時是男女合校。有一次同學會，我跟一位女同學聊天，問起最近忙些什麼，她說：「忙著補習啊！」我覺得奇怪，大家都已經一把年紀了，還要考什麼呢？她說，都是爲了教寶貝兒子；但以前所學的國文、英文等科目都跟現在不一樣了，所以去補習，晚上才能教兒子做功課。我問她：「孩子的成績是不是愈來愈退步呢？」她很疑惑地說：「你怎麼知道？我孩子的表現實在令人失望。」我說：「他退步都是你造成的。」

我向她解釋：「你的英文有比學校老師好嗎？你的化學有教的比學校老師好嗎？你每天把孩子磨到十二點，小孩正在發育，睡眠不足時白天就會打瞌睡。你讓小孩子在較差的師資下磨到十二點，白天有比較好的師資時他卻在睡覺，這樣成績會好還是會壞？」她這才恍然大悟。

當父母的沒有必要自己去教，沒有念過書的父母也可以教出狀元，只要父母能夠增強孩子的正向行爲就好。

■利用增強物改變行為

孩子是自動或被動，其實都是由父母塑造出來的。在行爲改變技術裡，父母可以利用「增強物」。

增強物要如何取得？首先要先觀察孩子的需求。他想要看電視？或是想要游泳或想買腳踏車？這些都要記下來；當他想要這些東西的時候，不要馬上給，而是等到他的行爲符合要求時再給他。雖然給的東西一樣，但時機不同，你所得到的效果便不一樣，藉此可增強他的行爲。

不要平白無故地給孩子零用錢，父母可以好好地利用零用錢做爲工具。有幼稚園做過實驗：幼稚園裡有個玩具間，要進去就必須使用代幣，每個代幣可以玩五分鐘的玩具；有個班級每星期一都發給每個人五十元代幣，讓小朋友去玩具區玩玩具。另外一班則是不固定發代幣，只發給上課時注意聽講的學生。兩個月過後，兩班的秩序明顯不一樣：平白給代幣的那一班秩序很亂，老師在上課時，學生還跑來跑去；學生注意聽講才給代幣的那個班，老師上課時每個同學的眼光都緊跟著老師，全班秩序很好。

一樣的時間，一樣的代幣，效果卻大不相同。行爲改變術講求「即時後果」：一種行爲出現後，你認爲好的就馬上增強，馬上給他所要的東西，這是重要的關鍵。

曾有位教授閒聊時問我：「我的女兒不喜歡上學，因爲老師常考試，她感到很厭煩。有什麼辦法嗎？」我說：「你有沒有給他零用錢？」他說：「有啊！每個星期給五十元。」我說：「你可以試試看，不要固定給零用錢；小孩子考試後，你看成績不錯，就給一些零用錢，作業做得不錯也可以給。」一學期以後，那位教授在路上碰到我，他說：「馬教授啊，我上次去親師會時，老師對我說：『你的小孩很不一樣耶！竟然問我怎麼那麼久沒有考試？』」

所以，我建議大家，零用錢不要平白地給，不勞而獲的情況不應被鼓勵；天下沒有白吃的午餐，在社會上一定要先有所付出。教育訓練的情境跟現實的情境愈接近的話，學習遷移愈大；所以，你的家庭要跟社會情境愈接近，小孩訓練出來的行爲也較易遷移。社會上沒有人會像父母般平白無故地給，所以在家也不要平白地給。三餐是父母的責任，而零用錢則當作孩子的「特權」；孩子成績好，就一定會給零用錢；如此一來，孩子的成績就不必操心了。

再分兩組做實驗：一組是家長答應讓孩子看完電視再寫功課；看完電視後，小孩沒有去做功課，家長問小朋友：「不是說看完電視就要寫功課嗎？」小孩卻還是繼續看。另外一組，家長規定寫完作業後，才可以看電視。這個實驗中，「看電視」是增強物。

在行爲理論實驗裡，還沒出現需要的行爲後就給他增強物，這是「倒退的增強物」，是沒有效果的；有效的是，行爲出現後再給予增強物。所以，家長要注意小孩喜歡吃什麼、玩什麼，口袋裡面要準備一些王牌，等正面行爲出現的時候再給他。

在夫妻相處方面也是如此。男女之間的感情其實是很大的增強物，這個原理可以用老鼠作實驗來驗證。將公、母老鼠分開然後中間通電；公鼠餓的時候，因中間有電流而不敢衝過去吃東西；但是，老鼠發情的時候，卻會不顧電流地衝過去。由此可知，性行爲是很大的增強物，可以好好的運用。

所以，當先生對你不好或是某些行爲不合你的意，像是抽煙、賭博等，妳就不要理他；等他表現好的時候，妳可以裝扮得很有吸引力，並加倍地愛他，如此便可以很快地調整他的行爲。

但是，妳必須能先控制自己。跟先生冷戰時，妳的皮膚表面也會累積潛在的電能，驅使自己去碰先生；這時妳必須控制自己，等他表現好的時候再給他愛，這樣才能把先生訓練成自己心目中的好先生。先生及孩子的行爲，都是妳可以透過行爲塑造的。

■天才也是需要培養的

你希不希望把小孩培養成天才呢？我個人不相信有天才，天才也是培養出來的。以前，台灣有個羅傑，爸爸是工學博士，媽媽則在郵政總局工作，後來全家移民美國。美國的教育制度允許跳級，若數學科優異，十二歲就可進入研究所；羅傑便是十二歲就進入研究所就讀。

研究所開學那天，爸爸帶著羅傑去報到，卻一時找不到教室；等找到時，教授已經在上課。當時黑板上寫了十道題目，羅傑以爲是作業，就趕快把題目抄下來。下一週上課的時候，他眼睛紅紅地將作業拿給教授說：「我已經盡力了，只能做四題。」教授看了答案後，彎下身對他說：「孩子，這不是家庭作業，這是當今數學界公認的十大難題。」

由此看來，有些人確實是天才。羅傑成名之後，美國有研究行爲改變的學者到他家採訪，想知道他的父母是如何培養出天才的。羅傑的媽媽說，羅傑一向很自動自發學習，他很喜歡看書，功課從來沒有令人操心過；不過，媽媽只要求他的課業成績能拿B就好。因爲，若是考試前讀一遍會得B，拿A要看三遍；那麼，倒不如把另外兩遍的時間用來學習新的東西。

我覺得她眞是了不起的媽媽。爲什麼呢？當孩子已經考九十八分了，很多媽媽還罵孩子「那兩分是怎麼丟的！」羅傑的媽媽卻能不斷地鼓勵孩子，不要爲了追求滿分而失去學習新東西的機會。

有一年他們回國省親時，有一群專門研究資優教育的學者，問他的爸爸是如何培養他的？他爸爸說：「我不覺得他是天才，我覺得天才是時間的累積。」他相信愛迪生說的那一句話：「天才是百分之九十九的努力，一分的靈感。」

羅傑的爸爸本身學理工，認爲數學很重要，但不強迫他，只要他喜歡看的書，他看得懂的都會買給他看；圖書館可以借到的，也會借給他看。原本家裡客廳櫥櫃擺的是洋酒，他發現小孩子在客廳待的時間最久，便把洋酒換掉，擺他的書；在廁所也擺一個書架，孩子想看哪一本就可拿來看。小孩子能集中精神看書，如此便能日積月累。傍晚時他會陪孩子去散步，散步回來再陪他下棋。剛開始下棋時爸爸都會贏；一段時日後，爸爸要贏就愈來愈吃力；因爲小孩較能全神貫注，不受外界影響。他覺得，經由閱讀的累積，也能訓練孩子的數學邏輯概念。

羅傑做功課的時候，媽媽會準備他喜歡吃的東西；他一面做功課，一面有喜歡的東西吃，這也是一種增強物。你要孩子放學回來就做功課，可以等到他做功課時才拿東西給他吃；若是你在兩兄弟打架時叫他們吃東西，這便是在增強兩個小孩打架的行爲。

所以，滿足小孩需求時要注意掌握時機。孩子某種你喜歡的行爲出現時，要馬上給他喜愛或需要的東西；眞的沒有東西可給時，親親、抱抱都可以是很好的增強物。天才也是要靠父母培養的。

■注意生活習慣的養成

此外，父母還要注意小孩有沒有養成良好的習慣，像是整理床鋪及書桌、飯後刷牙、吃飯不出聲、走路不懶散等等，這些是很重要的事。

先說刷牙習慣養成的重要。當年齡比較大了，比如到五十歲的時候，容易產生牙周病，有時甚至整排牙都要拔掉。什麼時候會產生牙周病？當牙齒變黃，吃冷或吃熱會痠痛，刷牙的時候會流血，牙肉一直在萎縮，這些都是牙周病的前兆，這時便必須根管治療；無效的話，牙齒可能要拔掉。人往往是在失去的時候，才懂得珍惜。從小保持刷牙的習慣，才能保持牙齒健康。

我在德國時看過一個廣告：一個人吃了巧克力三分鐘後，漱一口牙菌斑顯示液，就看出來牙齒開始長牙菌斑。我看到很多德國人的牙齒很漂亮，後來才知道是假的。德國人很愛吃甜食，當地盛行巧克力文化，嘉年華時花車送的也是糖果；一疏於刷牙，就會有蛀牙的危險。德國陽光不足，一年只有六百五十小時的陽光而已；當室溫二十九、三十度時，學生都不讓教授上課，而要到外面晒太陽。因陽光不足，導致需要鈣質的骨骼及牙齒較弱。德國最難念的便是牙科，因爲牙科最賺錢。

我有位政大的同事快六十歲了，牙齒都很好，我就問他怎麼保養的；他說：絕不吃零食。從此我不敢吃零食，吃完飯後就刷牙。

因此，我們也要早點訓練小孩子刷牙。爲什麼教孩子刷牙很難呢？因爲他感受不到不做這件事會產生的嚴重後果；今天不刷牙，他的牙齒不會很快就蛀掉。但是，若等到牙周病產生以後才想補救，恐怕就來不及了。

至於整理床鋪，很多爸爸媽媽沒有教孩子養成疊被子的習慣；而德國的小孩從小就有整理自己房間的習慣，因爲他們的家庭教育是這樣教的。此外，德國人吃東西時不會出聲，嘴巴是閉起來的。我在德國時，有一次看到一位亞洲人進餐廳吃飯，咀嚼聲很大，先來的德國人就端著盤子移到別桌去了。

我在德國讀書的時候，每年都要替台灣來的同學找房子，因爲在德國申請學校宿舍要等一個學期。有一次，來了一位申請到藥學系的同學。德國藥學系跟牙科一樣難念，他們的訓練很嚴格。

藥學系的課是上午教授講課，下午做實驗。他們的實驗與我們台灣的實驗不一樣。我們是助教寫實驗過程，再發器材，每一組做完後交小組報告，時間到了就結束；德國則不是這樣，他們是由學生自己看實驗資料。比如一個學期有十三個實驗，每個人自己選擇要進行的實驗，然後去助教那裡領取儀器，做完實驗結果出來再跟助教核對，對了再發下一組儀器設備；這個不通過，下一個就沒辦法繼續做。

這位台灣同學很用功，每天都念得很晚。有一次我去他那裡，只見桌上擺滿書，沙發椅則堆滿了衣服；見我沒地方坐，他就像秋風掃落葉一樣，迅速把衣服雜物全移到床底下。他把床單掀起來時，我看見床下有一堆襪子。我問他：「房東沒有說要整理房間嗎？」德國的房東一向都會交待要將房子打掃乾淨，衣服不能晾在外面讓人看到。他說，女房東有來過一次，就再也不敢進來了。

他後來申請到學校宿舍就搬走了；之後有新來的台灣同學要租房子，但房東卻說不願意租給台灣學生了。一個人的行爲會影響其他人，不要認爲自己的生活習慣與他人沒有關係；個體行爲會影響到整體形象，由此可見一斑。

現代人要追求生活品質，家庭的整潔秩序是德國人所強調的，所以他們重視家庭教育。家長要追求家庭生活品質，就要訓練小孩整理他們自己的房間，養成好的生活習慣。

■不同階段會有不同需求

有些家長說，孩子小時候很聽話，上了國中就變得叛逆，他很擔心，問我該怎麼辦？

其實，這是自然的情況。因爲到了青春期以後，有些東西是父母沒有辦法給的；像是友情、異性的情感等，這些是父母沒有辦法取代的。有時候家長會很傷心：「我怎麼跟他講都不聽，他女朋友的話就言聽計從。」父母要瞭解，他的需求已經改變了，這是孩子成長的自然現象；等他們長大後思想價值改變，自然會回到你身邊。叛逆時期，孩子剛開始塑造自己的價值觀，有時你認爲重要的東西，他認爲不重要；此時，學校教育和同儕的影響比較大，家長只要注意孩子不要學壞就好。

話說回來，零用錢雖然是一種增強物，但是你若給得太多，他胃口會愈大，這樣是不行的。比方說，當一個人覺得渴的時候，你給他水喝，水才發揮功能；他不渴時你就給他水喝，水是無法眞正發揮作用的。

行爲改變很簡單，要特別注意「剝奪」這個詞，也就是讓他處於不滿足的狀態，困難的是：他要的東西你能不能給他？你給他的東西能不能滿足他的需求？每個人的需求不同，同樣的人在不同時間也會有不同需求，所以父母必須觀察孩子需要什麼。

如果家庭不能滿足孩子，他因此產生不良行爲，你要怎麼處罰？現在的家長打小孩的話會被告；在德國，家長偶爾在家裡自己打，在學校則不容許老師打；他們會告訴老師：「我沒有學過教育，才會用打的方式；你受過教育專業訓練，還用打的，表示您沒學好。」而且，體罰是違憲的；因憲法規定人身不可侵犯，老師打學生已侵犯到人身自由。

根據實驗結果，責打是沒有效的；打的當時，或許能立竿見影；但過沒多久，又會故態復萌。上課的時候若全班很吵，找一個帶頭的學生處罰，三分鐘內會鴉雀無聲，但三分鐘之後就一切如故。責打可以立竿見影，但效果不好。

處罰有兩種，一種是將令人厭惡的事情加在他身上，像是打他、罵他；另一種是把原來要給他的東西都收回來；比方說，老師就可以用扣分的方式。再舉個例子，小孩若是功課沒做好，就罰他不能吃飯，這也相當於「剝奪」——他想吃的不給他吃；方法或許有待商榷，但是卻不用責打。所以，家長可以不給零用錢，或是讓他罰站——術語叫「隔離」，讓他失去自由或不能擁有平常可以有的東西，這些就是「剝奪」。

家長在不得已的情況下，要處罰小孩之前，要先建立預警制度，例如「數到三」：「我數到三，若你們兩個還在打架，我就兩個都處罰。」這是我個人實驗過的。有一次，我的兩個小孩拿雨傘打架，我擔心他們傷到眼睛，就叫兩個人停下來；他們不聽，我就說：「我數到三！」數一、二時，他們還不理我——通常第一次都如此；數到三時，兩個還在打，我就眞的兩個都處罰。處罰過之後，以後他們當然免不了還是會打架；可是當我開始數的時候，他們就會停下來，因爲已經建立了預警制度。重點在於，第一次處罰的時候，就要重重地罰，讓他們日後會想避免受罰，就不會再做出會受罰的行爲。父母要善於利用這樣的行爲改變技術。

非理性信念導致情緒困擾

接下來談談情緒困擾的問題。一般人遇到挫折如果有重要他人的安慰與鼓勵，較能獲得支持的力量。然而，當自己或親密的家人或朋友遭遇挫折因而心情不佳、情緒低落時，你可以用什麼方法爲自己或他人紓解？

情緒不穩定時，感到很沮喪，感到壓力太大，沒辦法解決；情緒穩定的時候，則覺得心裡很平靜。「天下本無事，庸人自擾之」，這句話是千眞萬確的；研究發現，人的一切困擾都是來自非理性信念，因此才導致有挫折感，產生情緒上的困難。我們碰到困難的時候，便可以告訴自己一些話，將煩惱一個一個地化解，使自己不會庸人自擾。

我對證嚴法師很欽佩，個人也受到他一句話影響。我有一次在影印店的牆上，看到一句靜思語：「生氣就是拿別人的錯誤來懲罰自己。」以前我很容易生氣；後來，當我生氣時就會想到這句靜思語：我爲什麼要拿別人的錯誤來懲罰自己？然後就漸漸地讓心情平復下來；訓練兩年後，便比較不容易生氣了。自我訓練很重要，每個人都應該自己做一下心靈訓練。

那麼，如何轉化非理性信念呢？想想事情的另一面，以跳脫、抽離的眼光來與自己對話，可做爲遇到挫折時調整情緒之用。

艾里斯（A. Ellis）認爲，人的情緒困擾多半是由於自己非理性的信念所產生；他一共歸結十個非理性的信念，隨時在困擾著人們。

以下便列出這十個非理性的信念，並且針對這些非理性的信念提出因應之道。這些因應之道主要是根據第三方面的信念，強化行爲者對行爲控制力的信心；用啓發式的格言，或由行爲者自我訓喻（self-instruction），使情緒有困擾者改變其信念，進而擺脫情緒的困擾：

一、我必須得到每一「重要他人」（significant others）的喜愛與贊許。

所謂「重要他人」，是指對自己有影響力的人，也就是擁有增強來源者，如父母、師長、配偶、主管、同儕等。從行爲改變的觀點，重要他人的喜愛一旦斷絕，可能也斷絕了增強的來源。

對此的因應之道是：「別人沒義務愛你或贊許你，你用不著去渴望某重要他人的愛或贊許。」「不要渴望別人將我當成第一順位，因爲人都必須先照顧自己。」

二、我必須能力十足，至少在一些重要的領域要有幹才或天才。

有這種信念者一旦受到挫折或失敗，則容易對自己失去信心、沮喪。因應之道是：「人外有人，天外有天，不必因自己不能達到最高的能力或成功而傷感。」「人用不完他所佔有的一切，有了就不必繼續追求佔有。」「現在我所佔有的一切都是上天借給我的；因爲我出生時是空手而來，在生命結束時，我所佔有的一切都將歸零。」。證嚴法師說：「知足的人不會窮，不知止的人不會富。」「並非成功就是最快樂，問心無愧心最安。」「生命各有所長，亦各有所限；積極的人善用所長，消極的人埋怨所限。」「接受自己的平凡與不完美，就不會在一個不完美的世界裡處處碰壁。」

三、某人壞透了！他卑鄙齷齪，他的惡行應該受到嚴厲的懲罰；他沒受報應我心不甘。

因應之道：「人非聖賢，孰能無過，得饒人處且饒人。」「他被懲罰，你也得不到益處。」。「原諒別人就是造福自己。」《聖經》中說：「尋求報復者必需挖兩個墳墓。」證嚴法師說：「理直要氣和。」「生氣是拿別人的錯誤來懲罰自己。」「忍一時風平浪靜，退一步海闊天空。」

四、當我受到挫折、被人不公平對待、或被人排斥時，我覺得事事好可怕。

因應之道：「當你受到挫折或被排斥時，要找出理性的原因，不要因而視爲畏途。把挫折當作風暴；當風暴來臨時，只有接受它，因爲沒有不含風暴的氣候。」「黎明之前總是最黑暗的時侯。」「上帝關了你一扇窗，祂必定替你開了一道門。」

「命運不是決定於遭遇，而是決定於如何解決遭遇。」

五、情緒上的痛苦是來自外界的壓力，我無法控制或改變我的情緒。

因應之道：「情緒上的痛苦是源於自己的感覺；你應有信心，能控制自己的感覺。」「我不能改變天氣，但我可以轉換心情。」「樹的方向，由風決定；人的方向，自己決定。」「人是理性的動物，別被情緒牽著鼻子走。」

六、有些事情看起來就很危險及可怕，我一直擔心它的來臨，例如怕婚前懷孕、怕被解雇、怕得不治之症等。

因應之道：「如有危險或可怕之事，不要對它憂慮，而要理性地面對它、化解它。」「任何危機都是磨練自己成長的轉機。」

七、逃避實際生活上的困難、挑戰與責任，要比面對它更容易。

因應之道：「逃避生活窘境與責任只是暫時的苟安，問題仍然存在；長遠之計宜奮發圖強，面對困難、面對挑戰、接受責任，將之視爲訓練自己解決問題能力的機會。」「逃得了一時，逃不了一世。」

八、過去仍然是最重要的；因為，一度影響我生活的，會繼續決定我的一切。

因應之道：「往者已矣，來者可追，現在與未來比過去更重要。」「以前種種譬如昨日死，以後種種譬如今日生。」「與其沉溺於過去的夕陽，不如欣賞明日的黎明。」「面向陽光走，陰影永遠在背後。」「不要讓過去的汙點成爲未來的陰影。」

九、情勢應該比現在的還好；假如我對生活的冷酷現實找不到好的解決之道，那不是很慘？

因應之道：「人生不如意之事十常八九，事情總有好轉的時候；黎明前總是最黑暗的時候，要有耐性。」「天將降大任於斯人也，必先苦其心志，勞其筋骨，餓其體膚，空乏其身，行拂亂其所爲，所以動心忍性，增益其所不能。」「困難與挑戰是幫助自己成長的墊腳石。」「不經一番寒徹骨，焉得梅花撲鼻香？」「沒有暗礁，哪能激起美麗的浪花？」「靜海訓練不出好水手。」「山窮水盡疑無路，柳暗花明又一村。」「天無絕人之路。」「當您掉到谷底時，不要氣餒，因爲以後您所走的每一步都是向上。」「海浪因暗礁的沖阻而澎湃，生命因逆境的淬煉而堅韌。」

十、凡事任其自然，消極無為，安逸亦可自得其樂。

因應之道：「幸福來自積極、勤奮，並非懶散自娛，有耕耘才有收穫。」「成功是留給有準備的人的。」「積極地度過每一個今天，因爲每一個今天都將成爲明天的回憶。」

希望以上所舉的因應之道，能讓家長及孩子們都能避免非理性的情緒困擾，進而一起開創美好的人生。

愛是多一點瞭解

◎何進財

長庚大學幼保系副教授

愛孩子，
就是要瞭解孩子的優點在哪裡，
他的需求是什麼、擅長什麼；
如果多留意，
就能幫助他往好的方向發展。

首先，讓我們來看一些數據。據統計，民國六十五年，大專院校學生僅有二十九萬九千人，到了九十二年度則有一百二十七萬人，包括八十八萬名大學生、十二萬多名碩士生、兩萬多名博士生、二十幾萬名專科生。台灣是全世界高等教育第五大國，平均年齡的淨在學率，以二十歲爲例，一百人裡面就有四十六個讀大學，全世界排名第五，只排在韓國、加拿大、紐西蘭及澳洲後面，還超前美國及日本。

這些數據代表了台灣高等教育的普及化，高等教育已經不再是僅由少數人獨佔的菁英教育了。所以，家長要謹記：孩子求學有目標、有興趣最重要，他身心健康最重要，不要逼他一定要考第幾名，或是要讀某個名校。許多家長都是被一句廣告詞誤導了：「不要讓你的孩子輸在起跑點上。」

全台一年中有六百五十名學生死於生病或意外，可見成長過程中要面臨許多挑戰。但很多家長忽略了生命中的其他部分，總以爲「贏在起跑點」就代表贏了；卻忘記了：人生是跑馬拉松，不到最後，不知道誰會勝出。

民國七十年左右，國中生有四十二萬人，到八十年剩下三十二萬，九十年爲二十六萬，九十二年剩二十二萬七千人。新生的嬰兒，每年少了將近一半。這種情況對台灣是很大的威脅。我們目前是八個人養一個老人，十年後變四個養一個，二十年後變成二點七個養一個。這個數據表示，我們的孩子將來所負擔的責任是目前的兩倍以上。

所以，孩子或許不能讓他輸在起跑點；但是，我們更不希望他半途而廢，或者在半路倒下。

教孩子懂得感恩

有一對父母，在孩子十二歲時就將他送到美國念書，一直栽培他念到醫學博士。孩子三十歲回來娶了老婆以後，爸媽把一幢價值三千五百萬元的房子送給了他；不料，孩子卻將家中鑰匙換掉，不讓爸爸媽媽進去。這對父母相當氣憤，便去法院告自己兒子，把房子要回來。

我還曾在電視上看到一則新聞：有位退休的大學教授，哭訴他三個兒子不孝；其中有兩個博士、一個碩士，都在國外，卻沒有人肯回來撫養他。另一方面，媒體也曾報導，台南市有一位洗車工，每個禮拜二都騎腳踏車回後壁看他媽媽，來回一百三十公里，一趟要騎十小時，十多年如一日；他的薪水一萬八，給媽媽一萬二，六千塊留著自己用。兩相對照，你覺得孩子應該怎麼教？

父母往往極力栽培會念書的孩子。但是，有許多事例顯示，受到栽培的孩子往往志在四方；當父母年長時，可能是那個當年學業表現不佳、比較沒有受到栽培的孩子，留在父母的身邊，承歡膝下。

以我自己來說，因爲小時候家裡很窮，原本大姊、我及二弟應該負擔家計，不能繼續讀書；我的恩師硬是去遊說我爸爸，且讓我免費補習，因此改變了我的命運。高中畢業以後，我到北部念大學、研究所，考上高考之後一直留在台北發展，每個月只能回家一、兩次；十幾年前還曾有過三個月沒回鄉下老家的紀錄，都以「很忙」爲理由。等到我爸爸十多年前往生以後，我才警覺到應該每個月都要回家一、兩趟，或至少每個禮拜打一通電話跟媽媽報平安。連我這種從小被栽培的孩子，也一樣會遺忘。

以前父母怕孩子沒有飯吃，現在的父母是害怕孩子不吃飯。以前父母辛苦，孩子也跟著辛苦；因爲他看得到爸爸媽媽在忙什麼，所以他懂得體諒，能有體貼的心。現在的社會形態改變，孩子看不到爸爸媽媽在忙什麼。所以，要讓孩子知道，在他成長的過程中，除了父母的辛苦照顧外，還仰賴了許多人的協助，他才會感恩，以後才會回饋社會，才懂得反哺報恩。

■瞭解孩子的優點

孩子將來要如何發展、成爲什麼樣的人才，要視他的天分及所付出的努力；但是，父母一定要瞭解孩子的優點在哪裡，並且給予幫助。不要老是只講他的缺點，這樣會愈講愈難堪；孩子被講得越來越不好，更會對自己失去信心。

建議父母常要記住：「孩子會什麼？」不會什麼不那麼重要，要注意他會什麼、他喜歡什麼；因爲，只有孩子喜歡的、有信心的、有興趣的，他才會努力地做；就是要讓他用自己的優點去贏別人的缺點，努力發展，才有機會出頭。如果把他的缺點去跟別人比較，他會一直被比下去，而愈來愈沒自信心。因此，他做不好的不要那麼在意，應該多發現他做對的、做得好的；無形中，他不好的也會越來越少。如果他擅長的事物能發展出一片天，那些不會的就不再那麼重要。

有一個寓言故事：動物學校裡有烏龜、松鼠、兔子、小鳥等多種動物，老師要大家推薦自己最喜歡的科目做爲共同必修科目；於是，烏龜說學爬，松鼠說學爬樹，兔子說學跑，小鳥說學飛，魚說學游泳……。之後，小鳥遇到要上游泳課的時候，它只好蹺課，因爲牠不蹺課就會淹死；而其他動物，也都會面臨類似的困境。

第二個故事是：烏龜覺得自己爬太慢了，趕不上時代，所以要學小鳥飛；於是，烏龜就爬到樹上要學飛，結果摔個半死。不但飛的技術學不成，連爬的技術也沒了。

從這些故事中，我們學到的教訓就是：不同的個體各有所長，在多元智慧的觀點下，我們不能強求每一個人都是通才。

我強調「愛是多一點瞭解」，就是要瞭解孩子的優點在哪裡，他的需求是什麼、擅長什麼；如果多留意，就能幫助他往好的方向發展。如果硬要跟同學比較、跟親戚比較，孩子往往會愈比愈傷心，愈比愈洩氣。

傾聽、接納、關懷

現在的家長很辛苦，因爲孩子懂得很多；忙碌的父母往往不清楚孩子的狀況，孩子卻有自己的看法。但是，瞭解後就會諒解，不會誤解。

家長要從傾聽出發，接納孩子、關懷孩子。小朋友在幼稚園階段最喜歡爸爸媽媽，抱著你、拉著你，你罵他、把他趕走，他都會哭著回來求你，因爲沒有你他活不下去，眞的是「衣食父母」。上小學以後，父母地位下降，老師地位提高，孩子滿口都是「老師說」，對老師的規定都奉爲聖旨。到了小學五、六年級的青春期時，則變成對父母說：「我跟同學要去玩，不能陪你回鄉下。」到了國中，找他參加喜慶宴會，他會說沒空；即使有空他也不去，因爲他想獨立，想跟同學一起去玩。生理發展到某一階段，心理也會跟著調整；父母要跟得上孩子成長的腳步，要試著瞭解孩子的心理，多傾聽孩子說的話。

家人間也要多以同理心體諒彼此。舉例來說：我有時回到家後，看著電視就會睡著打呼；太太與孩子對這種狀況很有意見。他們很難理解，爲什麼我回家後西裝一脫，靠在沙發上休息，就能不知不覺地睡著？直到有一次，那時的教育部長宴請部裡的單位主管及夫人；在演講時，他提到被夫人數落：「回到家看著電視也會睡著。」我太太這時才瞭解：有些人在辦公場合的疲憊不希望被看到，一定會打起精神，裝成精神飽滿的樣子；下班回家就放鬆了，醜態被家人看到也無妨。

對孩子也是一樣，父母要用同理心聽孩子說。孩子有時聽不懂我們的話，我們有時也聽不懂孩子的話，所以要相互體諒，要接納他、關懷他。

適時的口語表達也很重要。孩子有優點或好表現，你沒有鼓勵他，以後他什麼事也不跟你講；彼此越來越不講話，你會越來越擔心，而且有意無意間在表情上展現。所以，當孩子要跟你說話時，你要趕快放下工作，甚至連正在煮飯都要先把瓦斯爐關小或關掉。如果孩子興沖沖地跟妳說：「媽媽我成績很好……」妳卻說：「等一等，我正在煮飯，沒空啦！」煮完飯後，又變成「吃完飯再講」，吃完飯後又「等到洗好碗再講」；最後，他乾脆就放棄，不跟爸媽講了。等到有一天，你想跟他說話，他也用妳當初對他的態度對妳：「我很忙啦！我要打電腦、寫功課，妳等一下再講……」爲什麼會這樣？因爲孩子有樣學樣。

教育就是愛與榜樣。家長如果可以發現跟孩子的互動不理想時，可以偷偷錄音下來，看自己與孩子的互動之間，是不是對孩子講了很多不好聽的話。

■相愛容易相處難

通常，戀愛的時候都會講很好聽的話，結完婚後醜態就表露無遺，甚至會為了擠牙膏、鞋子放哪裡、誰要洗碗等事情吵架；當初戀愛時都不會碰到這些情形，就算真的要自己洗碗也裝成很高興的樣子。

許多夫妻在談戀愛時約會沒有錢，只能走路、爬山，彼此都能欣然接受；結婚後，要找對方一起爬山，雙方可能因為家務及責任不同而改變喜好。我曾問太太，以前不是喜歡陪我去爬山嗎？她說：「以前有以前的考量，現在有現在的衡量；何況，你爬完山後回家沒事，但是我還要煮飯、做家事。」這就是「相愛容易相處難」的一面。

所以，相處時要多講情、少講理；先講情就有緩衝的空間，若多講理就難免會吵起來，因為一講理就會指責對方不對。因此，還是先數落自己吧，對方也就會跟著讓步了。

年輕時，我們夫妻也像一般夫妻一般，難免因意見不同而吵架，之後都是我先說對不起。我也想過，倘若我不先說對不起會怎樣？太太可能就不跟我講話，回到家就像冷冰冰的監獄一樣，那還得了！萬一我將太太罵跑呢？孩子怎麼辦？孩子的心理怎麼調適？想到這些，我就乾脆讓太太發洩一下，等她講完後再向她道歉就對了。

同樣的道理，父母跟孩子互動時，即使有爭執，也不要用話語刺激孩子，像是「你給我滾出去！」之類的話。孩子是很容易受傷的，他會想：「是你講的，你叫我出去的！」然後就傷心或負氣地離家出走。父母千萬不要認爲孩子不敢眞的去做，爲了一時之氣就一再地用話去刺激他，而忽略他眞的去做的可能性。

■愛要讓孩子知道

《心靈雞湯》第一冊的第一篇〈愛的力量〉提到，二十五年前，有學者對美國巴爾的摩貧民窟的兩百個貧民兒童做過調查；調查的結論是，這兩百個兒童日後不會有所發展，因爲他們生活條件太差，資質又不好。二十五年後，這份報告被另外一位學者發現，開始追蹤調查，看那兩百個孩子現在的狀況如何。結果，追蹤到一百八十位；其中的一百七十六位成為工程師、教師、律師，都是成就傑出的人士。

學者對這樣的結果很訝異，怎麼會跟預測有這麼大的差別？便詢問那些孩子，到底碰到什麼機緣？他們都說沒有，但都說遇到一位好老師；再去問那位已退休的女老師，到底是用什麼方法帶他們的？女老師說，她只是愛他們而已：相信、肯定、接納、鼓勵他們。這個故事告訴我們，愛的力量有多麼大，是難以想像的。

有一本書叫《賞識你的孩子》，裡面提到一個重點是：「一直說你行，就算本來不行你也會慢慢地變行；反過來說，一直說你不行，就算你原本再行也會慢慢地變不行。」孩子需要人家誇獎才會有自信；所以，通常鼓勵比處罰有效。處罰不是完全無用，但要有轉變的機制；而鼓勵卻可以讓孩子持續做對的事。

處罰時一定要告訴孩子原因，還要告訴他怎麼改。宏碁創辦人施振榮先生在傳記裡提過，他小時候被媽媽痛打過，他不但不抱怨，反而感謝媽媽打他。因為他跟同學打牌賭博，媽媽發現以後，確定他真有賭博行為，就痛打他一頓，叫他以後不可參與任何賭博。他感謝媽媽從小嚴格教導他；要不然，他可能會像他的同學般，因在學校打牌被發現，而被記過退學。因為有媽媽的嚴厲教訓，同學再邀他去玩，他都說媽媽禁止，才有勇氣拒絕。他永遠記得及感謝母親打他的那一幕，日後才能正正當當地做事，不投機取巧。

所以，父母一定要讓孩子知道，處罰是因為愛他，要告訴他處罰的理由，以及錯誤應該怎麼改正。

■人生如馬拉松，跑得早不如跑得好

跑得早不如跑得好，學得早不如學得好。現在台灣的孩子很辛苦，要學國語、英語，還有客家話或閩南語。有些小孩子很小就開始學，沒有時間玩，這是非常可惜的；很多孩子像飼料雞，只有體重沒有體能。台灣的孩子在創意上還有一定的優勢；除此之外，還要增強孩子的挫折容忍力以及體力，這樣他們才能保有競爭力。

孩子如果贏在起跑點，當然不錯；萬一沒有贏在起跑點，也千萬不要洩氣；人生是萬里賽跑，不到最後不知誰輸誰贏。奇美董事長許文龍先生的回憶錄裡提到，他小學畢業時，初中考了兩次都考不上；他當時並不生氣，只覺得考卷一定有問題」因爲他覺得自己很聰明，大家也公認他很聰明，爲什麼考不上？他自己覺得，因爲老師都出別人會的，而沒出他會的。我碰過這種情形，深有同感。民國四十八年我考嘉義中學時，作文題目是「停電的晚上」；但是，我高二那年家裡才有電燈，因此很難體會停電的滋味，如何能闡述停電的感受？

所以，孩子考壞了，不要一味地罵他，只要讓他自己反省哪裡要改，這樣就可以了。許文龍就因爲他的媽媽沒有怪他，所以力爭上游找他在行的。功課輸人，就專心於他的技術，以及觀察人物；他功課不行，不代表別的就不行。他讀高工補校時，每次月考都是最後一名，三年都是，但他並未因此洩氣。當初第一名畢業的，現在是靠薪水過活；但他這個最後一名的，卻成爲台灣十大企業家。學習是一輩子的事，不能用前半段人生判斷一個人的未來。

父母千萬不要眼光短淺，在孩子面臨挫敗時，又給孩子羞辱；跑得早不如跑得好，人生就像跑馬拉松，還是有許多機會可以迎頭趕上，甚至後來居上。以我爲例：我讀小學時，國語、台語講不清楚；初中時成績都是倒數十名；因爲我要種菜、賣菜，所以得向學校請假。我初中讀嘉義中學新港分部時，每次考試都有一科或二科紅字；但是，令人意外地，我高中是以優異的成績畢業。

我還是跟以前一樣賣菜、一樣種田、一樣請假；只不過，會讀書的好學生都去讀嘉義中學（高中），我則是留在母校——後來改制爲縣立新港中學。我常想，因爲池塘裡沒有大魚，吳郭魚就是老大；由於同學們的「禮讓」，才讓我有機會得到老師們的特別關愛。

在新港讀高中的時候，只要上課認眞聽就能名列前茅，這讓我恢復了信心。高中三年對我是非常重要的關鍵；如果只念到初中，我可能就沒信心了。三年的高中生活裡，我回家根本沒有時間用功看書，只是上課用心聽課；也因爲很多同學連課都沒興趣聽，所以很多老師疼我、指導我、幫助我。後來我還被推薦爲縣立新港國中的傑出校友，同時也是嘉義中學傑出校友。

因此，孩子不一定要讀北一女、建中等明星學校。若是念這些明星學校還是前幾名，則會愈讀愈起勁；若是勉強去讀，就會覺得怎麼都追不上人家。其實，不是你程度差，而是其他人太強了。但是，每個孩子開竅的時間與學習的優勢都不同；重要的是，要依自己適合的速度與方式按部就班地學習，而不要在比較中失去信心。

孩子若能在起跑點一路領先，那當然很棒；只是，我們的孩子能那樣幸運嗎？倘若不是，也不用悲觀。所謂「三分天注定，七分靠打拚」，有些資質優秀的孩子，我們的孩子不一定有辦法跟他比，因此我們根本不要比較，否則孩子會被比下去。我們是要比出希望、比出信心，對孩子的優點便要多鼓勵。我們要鼓勵孩子，或許比不上人家聰明，但我們只要努力再努力，成就仍然不會遜色。總之，家長要能知道孩子的長處，不要只在學業成績上斤斤計較。

■給孩子需要的歷練

家長們還要記住：要給孩子最需要的，而不是給他最好的。例如，如果他不想補習，就不要勉強他；倘若他要求去補習，就讓他去，否則他日後說不定會怪爸媽。若是他不想去卻硬逼他去，也只是父母花錢求安心而已。如果去補習只不過讓成績多二分，那還不如回家讓睡眠充足些來得好——健康比一兩分的成績更重要。

很多在填鴨教育下長大的孩子，成績只能贏到大一而已，大二以後就輸了；爲什麼？因爲他們讀累了，不想讀了，上了大學就開始鬆散。而資源不足但主動想讀書的孩子，在大二就追回來了——我就是其中一個。因爲我們小時候求學很辛苦，所以上了大學很珍惜，每天都當最後一天用——我到今天還是如此。但是，現在的孩子普遍缺少這樣的歷練，這是值得家長深思的。

要瞭解應該怎麼樣教孩子才是最重要的，而不是別人怎麼做，我們就照著做。以我而言，我不希望孩子去打工，我寧可叫他參與社團，而且要當社團幹部，成績少幾分沒有關係。在社團裡，有需要共同合作才能完成的事情，因此可以磨練與人溝通的能力，出社會之前就能累積許多經驗。

現代父母過度保護孩子，讓孩子失去了許多磨練發展的機會。有個朋友的孩子在上成功嶺時，單槓連一個都拉不上去；爲什麼？因爲爸媽怕他髒，他從小就沒有在地上爬過，所以肌肉從小就沒有好好發展。

還有，國防部現在很辛苦，氣溫三十幾度就不准操練，行軍還要有氧氣車跟著；萬一士兵中暑了，指揮官及幹部會被處分。但是，若眞的打起仗來，哪來的冷氣和氧氣車？老實說，這都是因爲我們的家長寵得太過分，久而久之就會產生很多問題。反過來說，倘若孩子能從小就受到磨練，成爲頂尖的機會比較大。

若孩子在學校遇到委屈，家長在處理之前，不妨先問他爲什麼？讓孩子自己先想一想，思考如何處理？爸爸媽媽可以幫什麼忙？他可不可以自己解決？這就是機會教育，孩子邁入社會後才知道在什麼情況下該注意哪些事情。

要給孩子最需要的歷練，而不是給他物質享受。企業界爲什麼喜歡抗壓力高、有敬業精神、有禮貌的人？即使專業能力不足，只要訓練就好。公司最怕的，就是那種常遲到、無緣無故請假、不負責任又有推托之辭的人；現在有些年輕人就變成這樣。爲什麼？因爲從小沒有養成負責任的習慣。在學校若是東西忘了帶，就要家長幫他送到；久而久之養成習慣，老是想要別人幫忙，自己卻沒有能力去幫助人家。

日本、德國也有這樣的情形：孩子讀完大學不就業，因爲工作好辛苦，跟爸媽說他在職場好難過，而且薪水又低，請假也不准，所以就不想去上班了，父母也任由他；求職兩、三次之後，就乾脆待在家裡。報紙報導過，德國有些年輕人，因爲家裡很有錢，他就把繼承的房子賣掉，然後租屋就可以過一輩子了。這種情形，台灣也可能會發生。我們台灣每年只有二十二萬名孩子出生，誰不把孩子當寶貝？

現在的年輕人有創意，但是卻不一定懂得禮節，因爲從小就被爸爸媽媽寵壞了。如果你的孩子沒有被寵壞，以後一定會有前途；即使輸在起跑點，也會贏在終點。尤其要培養孩子隨身的專業能力，父母老了才有保障；要不然，未來二點七個年輕人養一個老人，他們怎麼養得起？

■瞭解孩子的興趣所在

要培養孩子，家長便要瞭解孩子最喜歡什麼、最不喜歡什麼，最好的朋友是誰、最敬愛的老師是誰、偶像是誰，然後引導孩子往好的方向認同，便可省去許多操心。

例如，美國ＮＢＡ名球員喬丹要來台灣，孩子要去熱烈歡迎，我贊成；但是，要去歡迎影歌星我就有意見，因爲台灣不缺影歌星。目前，青少年認同的偶像，十個裡面有九個是影歌星，這是讓人憂心的。家長及老師要相互交流，才能知道孩子想什麼、喜歡什麼，對他所認同的、而且是正面的偶像，不妨鼓勵他多學習。

對於他的朋友，你認爲有問題的，不要馬上對孩子說「你少跟他來往」、「不准跟他打電話」之類的話，接到對方的電話時，也不可叫對方以後不要再打來；否則，你的孩子以後一定不會告訴你他有哪些朋友，因爲他會覺得沒有面子。你可以裝成不知道，鼓勵他邀請朋友來家裡，鼓勵他參加好同學的聚會，不好的則慢慢讓他疏遠，或減少聚會的次數、時間。

不傷害孩子的自尊，親子間才能擁有良好的溝通。有些年輕人需要尊重，但他未必能諒解父母難爲，因爲他從小就有很優渥的環境，不知道父母的辛苦。有句台語說：「雙手抱孩兒，才知父母時。」沒有當上父母，很難體會爲人父母的辛苦。

■不要嘮叨，但要有原則

至於孩子的表現沒有令你滿意，不要先傷心及嘮叨。當他在外面摔了跤，就會自己想起爸媽的叮嚀；否則，你講太多就會嫌你嘮叨，嘮叨完了就不理你。若是要講，就要講得清楚明白，讓孩子確實知道父母親的原則所在。

我女兒有一次在同學家打電話回來，說同學因父母出國，便要求我女兒在她家過夜。我不同意，就跟她說：「她爸媽要出國是早就決定的事，爲什麼沒有早些找人作伴？應該是要訓練妳的同學獨立。既然如此，爲什麼要壞了人家的計畫？」她回家之後很生氣，招呼不打一聲就逕自進房。

我當時深呼吸一下，不馬上回應，之後再透過太太去開導女兒，說明我的立場及擔心，並讓她開導女兒向我道歉。總之，有一些原則是父母必須要堅持的。

隔沒多久，她又一次告訴我要住在同學家，我這次還是說不准，要她回家。她回來後不但不生氣，還跟我道謝。我問她原因，她才說我這次幫她解了圍；因爲她這次不想住，但又不敢直接拒絕，還好有我幫她擋住了，同學就不會怪她。

所以，不要因爲孩子鬧脾氣你就讓步；應該表達你堅持的原則是什麼，孩子以後才知道父母是有原則的，知道什麼事不可以做。

此外，我還告訴女兒：「爸爸、媽媽，只生了妳們兩個女兒而已，你們就是爸媽的寶貝；萬一妳有什麼狀況，爸媽一定睡不好覺。」總之，愛要讓孩子知道，但責備中要不忘關愛；就算了講重話，也要有個緩衝，讓他知道：「我是因爲疼你，才會……」就算他今天不能理解，改天遇到某些情境時，便會瞭解父母的考量是有道理的。

■培養孩子的自信與視野

「學生」是要學習生活、學習做事、學習求知、學習相處、學習成長，不只是學考試而已；所以，孩子的成績再差，也不要馬上責罵他。

天下文化出版的《與幸福有約》是美國家長一定會讀的「家庭教育教戰手冊」，其中有一個觀念：孩子成績不好不能怪他，父母要先問自己以前成績如何；自己做不到，如何要求孩子得做到？書中告訴家長，要瞭解孩子的優點在哪裡，就盡量鼓勵他的優點，而不是一直責備孩子爲什麼不行；否則，孩子會被愈講愈不行。

有家長一直向證嚴法師說自己的孩子不好，法師最後只問：「你的孩子有沒有吸毒？」家長說沒有，法師就說：「那就恭喜喔！沒有吸毒，這一點就很好。」你看，即使「不吸毒」都可以算是優點。

家長可以看盧蘇偉所寫的《看見自己的天才》這本書。他八歲時患了腦膜炎，腦受到損傷，導致小學時智商不到七十，小學三年級前，考三科都考零分。有一次進步了，三科考了十分，他爸爸好高興，送一支雞腿嘉勉他。他考了五次大學聯考，當完兵回來才考上中央警察大學犯罪防治系，以第二名的成績畢業。

各位可以再看一本書，口足畫家謝坤山所寫的《我是謝坤山》。他沒有雙手，還失去了一隻腿、一隻眼睛，但他的笑容比一般人還要璀璨、還要亮麗，充滿了信心及豪氣。翻閱這些勵志書，可以讓我們得到激勵與啓發，開發出無限潛能，做自己的生命主人。

此外，若有機會，就讓孩子多去外面旅行。我的小女兒念大學時，有一年的暑假便自己向學校申請去耶魯大學附設醫院見習。她在台灣上網訂好票，抵達美國當天是禮拜五晚上，就住在紐約的YMCA，禮拜六、日便去參觀博物館、到音樂廳欣賞管絃樂團的演出、看歌劇。後來去杜克（Duke）大學時，曾打電話回來問媽媽菜要怎麼炒，因爲她要掌廚。國際電話一聊一個小時，花了不少電話費，但我認爲值得；爲了解決問題而打電話，解決之後女兒及父母都會心安，這個費用即使要我省吃儉用，我也花得心甘情願。

經過這樣的訓練，她也懂得用錢。去杜克大學公費遊學三個月，我補助她兩千塊美金；她不但沒有花掉，回來後還給我二千四百元。原來，她一個月有六百元美金的生活費補助，因爲她都自己煮飯、買菜，所以還存了四百元。我要將四百元還給她，她說要通通給我，改天她要用時再跟我拿。

我相信她，她也相信我，以後她出國，再多錢我也給她，因爲她不會斤斤計較那四百元美金。她懂得用錢，用剩的通通還給父母，不會再多要，因爲已經養成規矩了。

我們從小便陪孩子背《三字經》、背唐詩、宋詞，打好國學基礎；並告訴她們：思想開放，但行爲要守常。此外，也陪她們玩撲克牌，撿紅點、接龍、拱豬，從小教她玩數字遊戲；爲了陪她玩象棋、圍棋、五子棋等，本來不會的我，還認眞去學了再來陪她玩。我還帶她們旅行，去到哪裡都去參觀大學，國小時就看過台灣二十多所大學，回到家便查資料，拓展她們的視野。

平常則會帶孩子爬山，鍛練身體。我不會計較孩子的成績多或少幾分，寧可孩子多涉獵各種的知識，以後就能觸類旁通。我告訴孩子：若花一小時考八十分，花兩小時考八十五分，花三小時得九十分，四小時得九十五分；那麼，我只要她考八十五分就好了，其他時間則用來讀別的課外書，或去鍛練身體。她的考試分數或許只有八十五分，但加上其他所得，會有一百二十分的成效。

■讓孩子擇其所愛

想想看：中小學的考試內容，以後會用到多少？讀書是爲學會生活，能獲得歸納能力、分析能力才是最重要的；至於一些瑣碎的內容背到一百分，我認爲不需要。或許有人會說：不對，我們要卓越，要第一、不要第二；但我則是不要第一，只要小孩自己喜歡，知道做什麼就行，爲什麼一定要第一？瞭解孩子要什麼最重要，而不是別人要什麼；孩子要的不一定是你要的，也不是別人要的，但只要孩子喜歡就可以。

我的大女兒國中時讀師大附中。附中每年的平均升學率很高，但考上高中第一志願的最多十幾個而已，考上中間志願學校的人比較多；因爲，他們強調五育均衡發展。當時在兩百八十幾個同學中，我的孩子一百零幾名，我太太好緊張；但我認爲，她寫文章投稿、參加辯論、參加演講都是頂尖的，沒有太注意功課，當然會輸人家幾分——每科輸五分就掉到一百名以外；但是，一科差五分有什麼關係？

國三的時候我才叫女兒收心，她哭著說來不及了，覺得自己差人家很多，愈來愈緊張。我就陪她一科一科地檢討：她英文七十幾，別人九十；數學別人九十幾，她考六十幾；國文她領先，社會科她也領先；總之，她領先別人兩科，其他都輸。不要緊，只要慢慢進步，少花時間在已經會的科目、多花些時間在比較不擅長的科目就可以了。最後，她還是考上了北一女。

或許是因爲沒有壓力，所以反而考得很好；連老師也很訝異，平常考試及模擬考不怎麼好，最後聯考怎麼考得這麼好？因爲爸媽不會責備，沒有壓力，才能從容應考而有超水準的表現。我自己眞的不緊張，她沒有考上北一女也無妨。「我以前讀嘉義縣立新港中學，差妳好遠好遠；我這麼差勁都能熬出頭，妳怕什麼？我對你有信心，一定可以迎頭趕上，甚至後來居上。加油！」我就是用這樣的話來鼓勵她。

■訓練孩子肯定自己、欣賞別人

所謂「對父母不孝，拜神沒有用；兄弟不和，交再多朋友也無用。」父母一定要教導孩子孝順，跟別人和諧相處；因爲，缺專業沒前途，但光有專業，前途也有限。孩子跟他人的互動不好，再能幹都難有成就，所以從小就要訓練他有胸襟，懂得欣賞別人的優點。

成績好的同學，家長要特別教導他不要看不起別人，反而要心存感恩。有些第一名的孩子，爸媽好得意，覺得都是自己行。很多老師都感嘆，學生畢業以後，成績好的同學幾乎不會回來表達謝意；反而是那些調皮搗蛋的，知道老師的用心，所以會心存感念。

同樣的道理：父母只知在家裡將孩子照顧好，孩子也會以爲是應該的。功課很好固然要鼓勵，卻不要只注意成績而忘記做人的道理；否則，讓孩子養成壞習慣，以後很難挽救。

「天生我才必有用」；孩子有成就，父母當然會很得意；萬一沒有成就，孩子很乖、很孝順也應該高興。每個孩子都是寶貝，特別要多用點心照顧那些不愛讀書、成績不好的孩子；說得現實一點，他們以後可能最顧家。就像閩南諺語所說的：「歹囝也要惜，孝男無地借。」「一枝草一點露，天無絕人之路。」

■珍惜自己所擁有的，發揮所長

不要忌妒、不要羨慕別人的成就，別人成就的背後也有許多因緣及鬥志；我們若沒有，就做好自己能做的。我以前曾自許當小太陽，想要影響很多人；現在則只要當路燈就好。小太陽沒辦法當，當路燈也很好；晚上沒有大太陽，路燈就能發揮功用，可以照亮大街小巷。每個人若都能成爲路燈，就能照亮黑暗的大地了。

所以，每個人扮演好自己的角色，就可以有所貢獻。一個人的成就需幾項因素：健康、能力和態度。其中，態度對於成就的大小，具有次方性的影響；列成公式就是：$(健康+能力)^{態度}=成就$。

舉例來說，我讀大學的時候，班上有六十八位同學，除了我高中就讀新港中學，其他同學都來自一流的明星高中。我自認我的健康比我的同學多一分，因爲我的抗壓力很大，體力比人家好，所以健康方面我算兩分、同學一分。我的能力只有一分，我的同學們則是四分。我的態度非常積極，把每天當最後一天用；若用三分代表，我的同學則是兩分。用公式算起來，我是 $(2+1)^3=27$，我的同學則是 $(1+4)^2=25$，我還贏兩分。當我以第二名考上研究所時，有些沒考上的同學覺得很意外；但他們不知道，我這四年很用功，每天都在圖書館讀上三小時的書。所以孩子目前看起來不優秀，不代表二十年後也會沒有成就；重要的是，父母要能賞識自己的孩子，珍惜孩子擁有的，少看孩子沒有的。

有一本書叫《傑出學者給年輕學子的六十七封信》，其中有一篇是慈濟大學醫學院的陳幸一教授對大學生的勉勵。他說，二、三十歲時要加倍努力，因為有努力才會成功；「努力佔七成，機緣（人脈）才三成。」四十歲以後，努力降為五成，機緣變成五成，所以要經營人脈；五十歲以後，努力變成三，機緣變成七；六十歲以後，努力變成一，機緣變成九。所以，除了個人的努力，還要鼓勵孩子多參加活動，多跟人互動。

父母還可以鼓勵孩子讀《基督山恩仇記》，用心讀就可以體會出「懷抱希望、等待時機」的哲理。父母也應該給孩子希望，給孩子改變的空間，等待他有所改變，不要計較一時的成績；只要孩子沒有變壞就是可喜的，這樣才能充滿希望。就像在《柏拉圖的靈丹》一書中提到的「寧靜祈禱文」：「請給我勇氣，去改變可以改變的；給我耐心，去接受不能改變的；給我智慧，去分辨什麼是可變的、什麼是不可變的。」

■給孩子祝福，未來充滿希望

父母應培養的，是一個全人發展、有用又幸福的人。什麼叫「有用」？能夠自己獨立生存，不論賺多少錢，而且懂得過幸福快樂的日子。

幸不幸福不是父母決定的；只要孩子覺得幸福，不管他做哪一種行業，他認爲「我願意做、喜歡做」才重要。孩子若有發展潛力，父母當然可以好好栽培；若是孩子一時沒開竅，先不要用高標準要求，讓孩子受到委屈。寧可鼓勵他，讓他充滿希望，把握未來可能的機會，用俗語所說「大雞慢啼」（大器晚成）的想法來激勵他。

台灣大學前校長孫震，出過一本書叫《回首向來蕭瑟處》；裡面提到，他去美國讀博士時，聽到一則發人深省的賀詞。有位大學校長在畢業典禮上對畢業的大學生說：「恭喜大家畢業了。恭喜得A的同學，你們有學術潛力，可以繼續讀博士班、成爲學者；好好研究，當一個諾貝爾獎得主，母校以你爲榮。加油！你們一定做得到。恭喜得B的同學，你們是國家的中堅分子，社會的永續發展靠你們，好好努力。恭喜得C的同學，好好發展事業，以後母校的經費就靠你們捐助。」

孩子是朝著師長鼓勵與讚美的方向成長，父母就應該像那位大學校長一般，不講孩子的缺點，而是強調孩子的優點及潛力；這樣的鼓勵，才是幫助孩子成長的最佳教育法。

給孩子適當的關懷與陪伴

◎周美德

親職教育專業講師

父母對待孩子的想法及認定，
會形成他的內在價值；
若自幼內心受到創傷，
長大以後，
外在的那些成就，
並無法修復內心的傷口。

我到過很多地方演講，在很多老師及家長身上很深刻感受到四個字，就是「善的驕慢」——因爲自認爲自己是對的，在自以爲是的態度下，就產生了驕慢之心，認爲問題出在別人身上，自己都沒有錯。

聽演講眞正有幫助的部分，是在於看到自己的盲點，而能改變想法，然後有所行動。可是，人不喜歡改變，因爲改變會有壓力；人往往都喜歡維持現狀，即使聽了不一樣的想法，也儘量排斥。正因爲如此，聽完演講之後，對生活還是沒有幫助。

聽演講不能只是想聽跟自己一樣的想法；若是如此，豈不是讓彼此的生命白費了兩個小時？若是能敞開心胸，接受一個新的觀念，甚至是自己以前所排斥的觀念；若能夠這樣顚覆自己，就會進步。人就是因爲故步自封、抱殘守缺，肯定自己不會錯，錯的一定是別人，所以永遠不會進步。

有魄力的人會往前走，他抱著實驗的精神，不怕認錯，可以勇敢地說「我以前錯了」，然後繼續往前進，這就叫自我顚覆。能自我顚覆的人，才會有格局跟氣度。所以，請家長先放下善的驕慢，與孩子的互動才能有不同的改變。

■尋找生命的出口

根據數據顯示，有半數以上的青少年想過要自殺，原因包括親子問題、師生問題、感情問題，學業問題等，甚至也有人是因爲外表問題。

現今的青少年普遍注重外表，四分之一的人在節食，其中只有四分之一體重眞的過重，其餘四分之三的人體重甚至過輕；可是，他們還是不斷地在節食，最後得到厭食症、暴食症等飲食失調的問題。所謂「食色性也」，欲求不滿當然就會憂鬱。

前幾年有一個自殺案例：一個十九歲的男生，因爲臉上青春痘的問題而自殺身亡。今天的青少年爲什麼這麼膚淺？竟然會爲了外表而尋死？但是，這個事件如果深入去探究，絕對不只是表面所呈現的樣子，臉上的青春痘只是導火線罷了。

他自殺的眞正原因是什麼呢？根據報導，他是獨子；依我的判斷，他長年承擔著獨子的壓力。他的遺書裡說：「爸爸要記得吃藥，媽媽血壓高也要記得吃藥。」他還留給他妹妹一封信說：「將來你結婚以後，生的兒子一定要從母姓，免得我們家絕了後，因爲我是獨子。我走了。」換句話說，他走得很不安心，但他要讓大家覺得並非因爲他是獨子而尋死，不會因此責備他的父母，才用青春痘當藉口……

人活在世上，一定會有壓力，壓力必須找到出口，就好像壓力鍋必須要有排氣口。每個人都要找到生命的出口，只是有人找到錯的出口。

歌手周杰倫成長於單親家庭，他成長的階段也曾感到苦悶，內心的壓力不足爲外人道矣，但他在音樂的領域裡找到了出口。他的音樂觸動了千萬青少年的心，得到了共鳴與認同，所以他成功了。

有一次演講時，聽眾問我：小朋友寫字很慢怎麼辦？我說：「活著就好。」他以爲我聽不懂問題，又問了一次；我說：「你的問題我聽清楚了，我的回答就是人活著就好。」想想看，原本快快樂樂的國中畢業旅行，卻發生鶯歌大車禍，遊覽車撞上火車，有四個孩子再也回不來了。我對家長們說，很多事情「千金難買早知道」；如果家長早知道自己的孩子回不來，他前一天寫字慢也好、打電話太多也好、上網太久也好，是不是都變得不重要？是不是只要孩子活著就好？有了這樣的觀念，你才會珍惜跟孩子相處的每一分鐘，才不會留下遺憾。

我經常因爲演講而必須搭飛機；到機場時，我總會打電話給先生，隨便聊幾句，尤其在偶爾跟先生口角或鬧彆扭之後。因爲，我不希望夫妻相處二十多年，「最後」講的是不高興的話。基於同樣的心理，我也常在機場打電話給我媽；萬一沒有回來，我希望最後跟媽媽講的是開心的話；這樣我才能確保，即使我發生了什麼事，跟親人之間也不會有遺憾或悔恨。所以，孩子每天出門的時候，不要罵著他出門；你跟任何人相處，在各自離去之時，都可以很愉快地說再見，因爲我們都不知道是不是能夠再見……這不是觸霉頭，而是對人生達觀的作法。

有些朋友就是輕忽了無常就在眼前，在親人過世後，一直追憶跟他最後一次見面時說什麼話，結果發現都是一些無聊、沒意義的話，因爲當時並不曉得來日無多。我有一個多年好友，他忽然得到急性精神分裂症；得到消息的時候，他已住在榮總，我去看他時，他不會講話，兩眼呆滯，沒有辦法正常溝通。這巨大的轉變，眞令人感慨——生命無常啊！

我想，人生不如意十常八九，不是你想有什麼就會有什麼；人生是：上天怎麼給，我就怎麼受，這才是人生。我們沒有辦法規畫人生一定要怎樣，但生命一定要有韌性。張忠謀有一篇文章的標題是：「常想一二」；因爲人生不如意事十常八九，所以要常想「如意的一二」。連張忠謀都有八九不如意了，何況是我們呢？所以，我們也應該常想那如意的一二，而不求盡如人意。生命是可貴的，只要活著，才能有無限可能。

■幫孩子建立自信心

成人必須不斷地把正確觀念傳達給青少年，別讓他們因為痘子、因為身材有點胖，就那麼自卑、每天活得那麼不快樂，好像一個人就是一組無聊的三圍數字。

關於外表的問題，先以兩個巨星為例：伊利莎白・泰勒以及奧黛莉・赫本。

伊利莎白・泰勒是猶太人，可能因此有一種自我異化心態，覺得自己跟別人不一樣；尤其是希特勒時代，猶太人基本上都不願意讓人家知道他們是猶太人。伊利莎白・泰勒成名很多年以後，大家才知道她是猶太人。她結了八次婚、離了八次婚，而且不斷地整型、減肥，不斷地進出減肥中心和戒酒中心，不是很接納自己。

這些事實的背後所呈現的意義是：一個巨星就算擁有了一切，如果對自己沒有信心，內心仍然是空虛的，仍然如此地注重外表。

而奧黛莉·赫本則是從頭到腳、從裡到外，徹底地接納自己，所以她非常有自信。她堅持不打肉毒桿菌、不拉皮；她相信，不同年齡就有不同年齡的美麗、優雅及性感。她過世的時候，身分是聯合國親善大使，滿臉皺紋，可是絲毫不掩她優雅的氣質。赫本有很多影迷，沒有人因爲看到她老了而覺得她醜。

另外再談兩個人：一個是麥可·傑克遜，一個是瑪丹娜。這兩個人以前都是備受爭議的人物，是二十世紀前衛的代表；但是，兩個人後來的人生卻很不一樣。

麥可·傑克遜後來一直纏身在兒童性侵的官司中；爲什麼會這樣？因爲他內在的心理拒絕成長。他的童年三歲就結束了——他三歲時就出道，然後一直在演藝圈闖盪。他可以說眞是一個天才，才氣更甚貓王；他上次來台灣時只做了一個動作——前傾四十五度，所有觀眾就爲之瘋狂，那種魅力是無人可比的。但是，因爲他的心理沒有成長，只有和兒童在一起才有安全感，因而官司纏身，上億財產都賠光了。

反觀瑪丹娜，她一樣叛逆，同樣標新立異，衛道人士從未停止過咒罵她。但是，《紐約時報》曾報導，美國一個知名的音樂頻道選出五十年來的百大歌手，結果瑪丹娜一個人得到百分之十七的選票，榮登榜首；也就是說，大家公認她是五十年來最偉大的歌手，其他像席琳・狄翁、惠妮・休斯頓、瑪麗亞・凱莉等人都排在她後面。

她年輕的時候不怕成爲別人口中的妖孽。但是，她該結婚的時候結婚，該生孩子的時候生孩子，生了孩子還爲孩子講床邊故事，甚至出版了童書，而且竟然大賣，令美國媒體的一片戲謔之聲，盡皆啞然。這就是她和麥可・傑克遜最不同的地方。

因爲麥可拒絕顛覆自己，而瑪丹娜可以一直顛覆自己：承認自己年少輕狂。她現在講的話與以前的形象大相逕庭，因爲她有女兒了，看很多事情的角度就不同了。所以，兩個人的結果就這麼不一樣；一個官司纏身，另外一個轉型成功，成爲一個慈祥的媽媽——至少目前還是如此。

因此，我們從小就要建立孩子的自信心。眞正人格形塑的時期是零歲至六歲；到了國中，孩子人格的改變相對之下便比較困難。或許因爲如此，我看高中生的家長，他們的臉看起來是苦哈哈的，國中還好，國小又更好一點，最好的是幼稚園的家長，整張臉喜孜孜的，比較沒有失望。所以，家長要特別注意，不要錯過了孩子最重要的人格形塑期。

目前的台灣，六歲之前的孩子在哪裡？可能在阿公阿嬤家，或者是在保姆、外傭那裡。有一次我去一位朋友家，跟他小孩講英文、國語、台語都不通，我就問他的媽媽他講的是什麼話；他媽媽喪氣地說，小孩講的是菲律賓土話。原來，菲傭並不是都會英文，即使會也不一定標準；結果，朋友的小孩從她那兒學到的便是土話。

至於把孩子都交給阿公阿嬤照顧的，婆媳之間若有問題，婆婆在孩子面前講媳婦的不是，小孩子長大以後如果對他媽媽有了成見，親子關係怎麼維持？

很多上班的父母親都想多賺點錢、省一點錢，孩子便讓阿公阿嬤來帶，以爲這樣可以省錢、省事，自己人帶又比較放心；卻不知道如此一來，可能影響了小孩教育的黃金時期以及長遠的親情發展。

■放手，讓他蛻變獨立

與青春期的孩子互動，要先知道這個階段的孩子會有哪些心理特徵與行爲發展，先做好心理準備，以免孩子如果出現不同於以往的行爲時，會覺得難以接受，不知如何是好。

我有位二十幾年的好朋友，有一次一起吃飯，提到她的大兒子已經去當兵了，接下來講到老二時，忽然淚如雨下。原來，二兒子搬出去住了，就搬到隔壁的巷子，每天會回來吃晚飯，禮拜六、日還會回來幫家裡做生意。我覺得奇怪，這樣很好啊，有什麼好哭的呢？她說，她很挫折，覺得自己是個失敗的媽媽。兒子如果因爲上學或工作因素，情非得已必須搬到外縣市，這還沒話講；但是，兒子只是和人家合租一間什麼都沒有的小房子，他卻寧可待在那裡也不要待在家裡，這不是證明媽媽做得太失敗了？況且，他們相處時也沒有什麼不愉快，搬出去是兒子心平氣和時的抉擇。她實在不解：「不是應該是跟家人吵翻後，才會搬出去嗎？」

還有家長問我，爲什麼孩子現在喜歡和同學在一起，而比較不想跟父母在一起？有位明星高中學生的爸爸打電話來向我諮商，語氣哽咽，只不過因爲他的孩子首次拒絕暑假與全家出遊；孩子說：「你們出去玩吧，我想一個人留在家。」這個爸爸說他氣死了，他最近才買了休旅車，就是爲了載著全家人一起出去玩；孩子早說他不跟家人一起出門，就不用貸款買休旅車了。我發現，孩子成長過程中，一旦有脫離父母獨立成長的需求時，家長的反應都是滿歇斯底里的。

這位家長眞是太不聰明了。他以爲買輛車就能裝得下孩子；其實，買幢房子都不能啊！我有一個朋友，他希望孩子結婚後也都能住在家裡，就在台北信義區買了一幢價值兩億的豪宅；現在房貸壓力很大，現在又沒辦法脫手。我就告訴他，看看歐洲有多少古堡，每座都一百多個房間，當初的堡主們也都是希望後世子孫都能住在城堡裡；結果，哪一個子孫守著城堡？

其實，孩子們的改變就像是成長中的螃蟹在蛻殼一樣。我曾看過一張圖片，是一隻三十幾公斤的殺人蟹，它蛻下殼的一瞬間，舊殼還有一半卡在身上；你眞不敢相信那是同一隻螃蟹，它瞬間就比原來大了一倍。海洋館的人解說，殺人蟹一生當中需要蛻殼四次，每一次都是生死交關，是對生命的嚴厲考驗；通過就活下來，過不了就死了。它長大了一倍，可以想像在原來的殼裡面會有多難過。

螃蟹會蛻殼，蛇會蛻皮，老鷹也會蛻毛；對這些動物而言，蛻掉毛皮正是最脆弱的時候。人也會「蛻皮」——我們的心境會變化、成長，但我們的外表不像動物般看得出來。因此，什麼時候該蛻殼，自己會知道的；因爲人會有一種生物本能，一旦覺得難受，就是該蛻變的時候。

因爲如此，所以有人會換跑道、換工作。例如，台灣大哥大總經理張孝威，十幾年前離開前一個工作時，台積電的張忠謀告訴他，他若是願意就到台積電；後來，他就成了張忠謀的左右手。十年之後，他又告訴張忠謀他要離開台積電，去台灣大哥大。張忠謀慰留他說，除非他到台灣大哥大可以獲得極大的成功，否則就不要去了。他只說：「這是我的生涯規畫，我要轉換跑道。」張忠謀聽到「轉換跑道」這四個字，就沒有再攔阻他了；因爲他懂，人需要蛻變。

所以，當妳的孩子跟你說：「我要離家出走」、「有一天我要離開這個家」，或許後來沒有成眞，但是，你要有這樣的心理準備；或許，他離開這個家是比較好的，因爲生命需要歷經蛻變的過程啊！這對生命的確是挑戰，熬不過去就死掉，熬過去就成長了。

碰到青少年正在蛻變時，很多家長會說一些傻話：「他國小時不會這樣啊？」甚至「他國中不會這樣啊？」那為什麼不會說：「他在肚子裡不會這樣啊？」連一個五、六十歲的成年人，都還會有蛻變成長的需求，何況一個正在成長、還未定型的孩子？一直跟以前一樣反而奇怪，成長中的孩子應該是一直在摸索改變中的。

孩子會變，家長也要變。為什麼家長會難過？因為大人轉變的能量少了，而且改變的可能也少了，所以就乾脆以不變應萬變。孩子像孫悟空般有七十二變，所以我們也要有七十二變才可以。

■給孩子無條件的愛，別讓恩大成仇

常有家長問我：「為什麼孩子喜歡跟朋友在一起，而不喜歡和我們在一起？」我說：「因為同學可以給他父母不能給他的東西。」家長又問：「我們有什麼不能給他的？他吃、喝、穿、住甚至玩都是用我們的，還有什麼是同學能給而我們不能給的？」我說，你們給很多，但是你們像施捨給乞丐一樣；乞丐沒有選擇的權利，你們永遠扮演一個施予者的角色，他永遠扮演的是一個接受者的角色。施與受之間本來就不平等，何況你還經常提醒他，你是如何如何爲他犧牲、爲他好，他欠你多少……久而久之，就會「恩大成仇」啊！因爲他會覺得「我還不起你，但我躲得了你。」

所以，聰明的老婆不會常常提醒老公：「你當初要不是沒有我，你哪裡有今天？」爲什麼很多的現代陳世美，都是中年以後、事業有成了，才跟年輕美眉混在一塊？對於當年跟他一起打拚，胼手胝足、白手起家的糟糠之妻，爲什麼這麼不感恩？這就是人性的弱點：因爲報恩的擔子太沉重，讓他每次看到老婆時，已經不是親愛的老婆，而是債主。一般人看到債主，當然就會逃走！因此，當家長常常提醒孩子他是「債務人」，深怕他忘記，他當然躲著你。

所以，不要常常提醒你的孩子報恩。你越不提醒，他將來越有可能報恩；因爲報恩要完全出於心甘情願，心甘情願做的事情才有意義。夫妻之間不是討債，親子之間不要需索，要讓彼此沒有負擔才能在一起。人就是有這樣的心態，沒有人喜歡欠人家，沒有人想覺得自卑、比人低一級；但是，家長和老師卻往往都有這種善的驕慢。

因此，青春期的孩子除了心性大變外，還開始會叛逆、會疏離；爲什麼會叛逆？因爲他要「政黨輪替」。家長原來是「執政黨」，他「在野黨」當那麼久了，所以到了國中甚或國小高年級開始，他就要求政黨輪替，換人做做看；這時候，家長就應該退居在野黨的地位，監督他就好了，讓他當執政黨，生命由自己掌握。如果你同意，就和平理性、寧靜革命；如果你不同意，他就造反，就會造成傷害。

一般而言，孩子到國中階段，會開始跟你唱反調，你往東、他偏要往西；因爲這樣他就可以證明自己，告訴爸媽「我跟你是兩個不同的人」。有的孩子會故意拿兩件衣服或兩雙鞋來，問媽媽哪一件哪一雙好看；如果媽媽說這一件好看，他就穿另一件。爲什麼？他並不是眞的要徵詢你的意見，而是如此才能有個著力點，可以往反方向走，這才是他的目的。

碰到這種情況，我都會建議家長：孩子若來問你，你就說不知道，隨便他怎麼穿，孩子就會當下陷入茫然：隨便我？糟糕，不知該怎麼挑了……如此一來，你內心的選擇還有二分之一的機率被他選中；如果你眞的表示意見，那就百分之百沒機會了，因爲他會朝反方向走。很多孩子都是這樣的，這是青春期孩子的通性，因爲他在長大，他想叛逆、疏離。

■父母要尊重孩子的隱私

孩子的成長過程中還會變得神祕鬼祟。有一個媽媽，她每天都會偷看他孩子的東西；孩子知道了，當然很生氣。媽媽問我，應不應該繼續翻下去？因爲她想知道孩子考幾分。既然想知道，爲什麼不直接問呢？像這位媽媽這樣偷看，本來是對的也變成錯的了。

我告訴她，要對兒子說：「依法律賦予父母的權利，我對你有監護權，你還在我的監護之下，考卷拿出來給我看。」以後想知道什麼事，就直接跟孩子談，不要鬼鬼祟祟，這樣反而變成父母不對了。

就像男生大了會有喉結、女生大了會有月經，這是生理上的成長指標；孩子會要求更多的隱私權，則是心理上的成長需求，這些都是正常的。有的家長說，他很怕一旦允許孩子有隱私權，自己就不知道孩子在搞什麼鬼。這樣的情形，又可以分爲兩個層面。

第一，是家長本身沒有安全感，這是因爲沒有自信心。沒有安全感就會去控制別人，佔有欲就變強，佔有欲變強就會有控制欲，控制欲再強就變控制狂，控制狂就是什麼事情都要知道。要知道自己有沒有控制狂，就看你會不會很想去看孩子的電腦及他的私人東西，甚至他接個電話都一定會問誰打來的、說些什麼。其實，如果孩子不想讓你知道，要騙你很簡單，道高一尺、魔高一丈，問也只是讓自己安心罷了。

很多太太也是如此：每天等先生回來等到凌晨兩點多，然後大吵一架。我問她爲什麼要等，她說爲先生做了宵夜；可是，先生回來並沒有享受到她的宵夜啊？回來之後就只有吵架。她說，起碼要問他去了哪裡；但是，沒有一個先生會笨到回到家時還沒想好怎麼回答老婆的問題，問到的都是謊言嘛！這些太太又說「我不喜歡人家欺騙我」；我說，你問了人家就有機會欺騙你，你不問的話，他想欺騙你都沒有機會。

這就要談第二個層面：人會說謊，是爲了息事寧人。若是家裡沒有讓人誠實的氛圍，若是說出眞話便要付出慘烈的代價，大家就都學會不敢說眞話。爲什麼夫妻之間也會互相欺騙？那是因爲不騙不行啊！因爲只要事先報告了就一定不能做，所以每次只好先斬後奏。如果實話實說便會吵翻天，爲了息事寧人，就只好欺騙。

孩子也是一樣。他爲什麼要騙你？他小時候是不會騙你的；可是，因爲說實話之後卻付出了代價，於是學會開始說謊來保護自己。一開始因爲年紀小，說謊就處處被你抓包，到處都是漏洞，很多家長就樂此不疲，對小孩嚴刑逼供，好像審犯人一樣；但是，小孩也會學著改善自己說謊的技巧，讓你越來越難發現眞相。

有些家長喜歡用刺探的。例如，媽媽常會對女兒說：「媽媽是關心妳，可以當妳的參謀，跟媽媽講妳喜歡的對象啊！」小孩一開始也是誠實的，不過後果就慘了，不是媽媽直接罵，就是爸爸出面罵一頓：「妳才幾歲啊，這麼小談什麼戀愛！」教訓幾次以後，小孩都會有心眼了；你下次還想問眞話，門兒都沒有！孩子不再跟你坦誠相對。

所以，當孩子要求你不要告訴爸爸（或媽媽）時，因爲這是不合理的要求，所以你可以告訴孩子：「我不可能不告訴你爸爸，因爲我們是夫妻；但是，我會婉轉地、用智慧的方法告訴你爸爸。」孩子的要求是不合理的，你勉強答應了，然後事後又背信，日後便失去了他的信任，他以後就不會告訴你實話了。而只有暢通的溝通管道，父母才會知道孩子的狀況。

如何知道自己家裡自不自由呢？如果你信仰基督教，而孩子卻對佛教有興趣；或者你支持的候選人跟他支持的人是不同立場的，如果孩子都能坦率地說出來，你的家就算是有自由的氣氛、有誠實的空間，有暢通的溝通管道。人有言論的自由、信仰的自由，這些只是一般的人權而已；如果你們家做不到，表示你們家沒有人權；沒有人權的地方如何要求小孩子誠實？孩子跟我們的年齡不一樣，環境也不一樣，他的想法當然也可以不一樣；如果你們家是自由的，他就不必神祕鬼祟了。

總而言之，我們要讓家裡有安全、自由、誠實的氣氛，讓孩子勇於說實話，才可以眞正掌握孩子的想法及行爲。

有愛才有自信

此外，你可能不同意或不瞭解孩子現在的看法，但你可以體諒、包容。例如，孩子可能說同性戀也很好，照樣可以組織家庭啊！即使家長不瞭解或並不是很贊同，但還是可以同理及諒解孩子的想法。不要一下子就用你的主觀批判，結果反而失去和孩子的討論空間。

其實，國中階段很多是假性同性戀，因爲這個時期沒有機會結交到心儀的異性，只有同性在身邊，所以他們會有情感互動親密的現象。父母需要進一步觀察，但不要太過緊張。

前面有提到，如果孩子有想要離家的念頭，那就表示你管太多了。這時，父母第一個選擇，不妨讓他暫時離家看看；如果孩子有地方去的話，總比天天彼此大眼瞪小眼好。

我們常說「虎毒不食子」，其實是指老虎跟孩子的一種相處之道。老虎一胎差不多四隻，多半是乖乖虎，偶爾會出現「叛逆虎」。遇到這種情況，大老虎會先教牠一些基本的謀生技能，教完後大約一歲多，大老虎就會將牠趕出自己的勢力範圍，讓牠去其他地方另闢彊土。因爲老虎的本能知道，如果這個時候還不把小老虎趕走，等牠有能力也有機會時會吃了牠，可是「虎毒不食子」，所以只好將小老虎趕走。

人類也是一樣。如果親子的感情好，便沒有問題；如果父母難以改變，孩子也難以改變，兩個人在一起便會發生衝突。孩子這時可以去阿公阿嬤家或是外公外婆家，他愛去哪裡就讓他去；小孩也有本能，他想去的地方是讓他覺得有愛的地方。所以，如果你的小孩想要離家，你也覺得雙方的關係不能改善，一見面彼此就烏雲罩頂，說不定孩子待在你身邊才是最危險的，反而離開家才能安全、快樂地長大。

很多夫妻離婚時都會爭孩子的監護權。有一位在航空公司工作的太太跟我說，她在跟先生辦離婚，她讓小孩自己選擇要跟誰；想不到，小孩竟然選擇要跟爸爸，讓她很不能理解。她的學識、身分地位及收入環境都很好，但她先生在她眼中卻是一個敗家子：「每天醉生夢死，只會看電視，一百多個頻道轉來轉去；兒子爲什麼要跟他呢？我才可以給兒子更好的機會啊！」

我說：「那是因爲妳沒有妳先生有的東西——就是對孩子完全的接納與愛。縱然妳先生有千般不是，但是他全然地愛著兒子；而妳對兒子挑剔、糾正、嚴格，兒子要符合妳的標準，否則就會挨罵，他必須要很努力才能『當得起』妳的兒子。至於妳先生，他可能會覺得『癩痢頭的兒子也是自己的好』，妳的兒子憑著本能就覺得要跟著爸爸。」

這位太太問我，孩子是跟著她先生或是跟著她才有前途？我老實地告訴她：「只要有愛，就是最好的環境。」因爲，那些外在條件，孩子將來自己可以掙得；但是，只有愛可以給他自信；有自信的人，一輩子都不怕失敗，隨時可以從零開始。父母給孩子再好的環境，若是沒有給他無條件的、完全的愛，他很可能變成沒有自信的人；就算是含著金湯匙出生，最後也可能只是敗光家產而已。

孩子跟著誰並不重要，因爲父母的地位是孩子一生中沒人能取代的。哪怕是繼父、養父、乾爹，乃至於孩子將來的另一半以及小孩，沒有任何人能取代親生父母的關愛。

■別將情感重心寄託在孩子身上

青春期的孩子正值情竇初開的年紀，隨著發育，孩子就開始會對異性感到好奇。此時你若是阻止孩子跟異性交往，會像是螳臂當車。

現代精神醫學之父佛洛依德說，「性驅力」是人類所有動力的源頭，也就是

「性」能驅使人類做任何事情。到了青春期時，這股性驅力便開始作用；這個力量大到可以讓羅密歐與茱莉葉、梁山伯與祝英台去殉情，直到今天其威力依然不減，你要擋也擋不住。

但是，你可以疏導，可以用寬鬆的心情來看待。如果你的女兒有男生開始追她，不要像有些家長說出「一定是妳勾引人家」這一類難聽的話；你倒不如想：吾家有女初長成，我家的產品，一出廠就有銷路，不致於滯銷。用欣賞的眼光，輕鬆地和孩子討論如何與異性相處，才是眞正對孩子有幫助。因爲，這個社會是由男女兩性構成的，與異性正常的交往與互動，必須要健康地看待與學習。

有個六十幾歲的女兒一直沒有結婚，跟八十幾歲的母親住在一起，因爲當年這個母親從中作梗。她年輕時愛上了一個埔里人，兩個人在大學談了四年戀愛，難捨難分，媽媽卻不讓她嫁到埔里。兩人分手之後，這個男生就與別人結婚生子了；可是，女兒接下來的四十年，對誰都不再動心。感情的事很難講，父母實在不應介入太多，因爲子女人生的主體是他自己，父母怎能爲他負責呢？結果，這個女兒，現在就在家裡跟母親天天吵架，因爲她對母親有恨。母親誠實地告訴我，她覺得虧欠女兒，但她不願向女兒承認。

還有位媽媽跟我說，她先生有外遇要求離婚，並對她說：「兒子給妳、車子給妳、房子給妳，什麼都給妳，只求妳放我一條生路。」這位太太聽了既傷心又生氣，連這麼優秀的兒子，丈夫竟然也不要，只求能夠順利離婚？她因此氣得不得了。離婚後，她有一天收到一封信，是一個女生寫給她兒子的，滿紙愛慕之情。當她看到的時候像是五雷轟頂，差點昏倒；那種震撼的感覺，好像遭到背叛，感覺比知道她先生外遇時還痛苦。

爲什麼有個女生寫了愛慕的信給她兒子，她就快要崩潰了？其實，她對先生早已經死了心，所有的情感重心就轉移到兒子身上；在這十幾年的婚姻中，其實兒子在她心理上的份量早就取代了丈夫的地位。

這也可以解釋我們傳統以來的婆媳問題，到今天都仍無解，都是因爲母親的移情。很多女人跟丈夫結婚後，前兩年內都想改變丈夫、控制丈夫，三、四年後發現很困難，五、六年後覺得不可能，七、八年後就失望，九、十年後就絕望了；絕望之後剛好可以管兒子，因爲兒子比較好控制，所以整個心就慢慢地移到兒子身上。

所以，有人來追她兒子的時候，媽媽就無法接受。

其實，父母自己要知道：孩子一直在長大，兒女到了某個階段就開始要在現實中或心理上揹起行囊，去探索他自己的人生。有一天，他會愛上他喜歡的人；有一天，他會從事自己適合的行業；有一天，他會買自己的房子、有自己的貸款；有一天他會生兒育女，開始去籌兒女的教育基金；有一天，他會將全部的心思放在他的事業、家庭、子女上。做父母的這時候就像鏡頭淡出（zoom out），從他的生命圈漸漸淡出；但是，父母還有自己的生命圈。父母養育、陪伴孩子長大，這是父母的天職；孩子有了自己的人生之後，父母還是要好好地活下去。

爲什麼很多父母親會覺得不甘願？因爲當初將所有雞蛋都放在同一個籃子裡，現在什麼也都沒有了。很多人的憂鬱症爲什麼在更年期發作？因爲更年期剛好也是空巢期，子女差不多都離家或成家了，所以身心及環境的轉變來勢洶洶；當年全心全意放在子女及先生身上，現在一下子失去了生活重心，就罹患了憂鬱症。這樣的生活方式是錯誤的。

你不妨想像自己有三個孩子：一個是配偶，一個是孩子，另一個是你自己；你每一次對其他兩個孩子付出關愛或做一件事情的時候，也要爲自己做一件事。

很多太太是：只要先生今天不回來吃飯就不做飯了，乾脆吃泡麵；反之，先生若是回家吃飯就準備得很豐盛。這樣的人將來一定血本無歸。有的人則是：先生不回來，還是準備了燭光晚餐犒賞自己；這樣的女人就不會血本無歸，因爲她會投資在自己身上，不論先生及孩子如何，她還是擁有自我。

所以，當家長的要懂得「平均分配」，不要忘了自己。就算先生或太太以及子女沒有回饋，你也不會感到一無所有，因而憤恨懷怨，將家人之間的關係弄得那麼緊繃。

■為賦新詞強說愁

此外，青春期的孩子會多愁善感，這是正常的，這叫做「少年不識愁滋味，爲賦新詞強說愁。」看到花兒會流淚，覺得鳥兒會唱歌、月亮會微笑，有的孩子就是比較感性，家長不必一下子就將他拉回現實。

以前我就很不懂人有做夢的權利。我先生常會講，我們退休以後就去環遊世界，芬蘭住一個月、瑞典住一個月，然後在阿姆斯特丹住一個月，還要到拉斯維加斯凱撒宮賭一個月。我每次都緊張地說千萬不可以，他就覺得很失落。有一天我瞭解了，那根本是不可能的事，他只是在做夢而已，我們根本就不會去賭城，也不會在哪兒住一個月；人家有夢想，我卻阻止他，何必呢？後來，他再說我們要去哪裡時，我就說好啊……其實，他根本不會去。

同樣地，孩子也會做夢，你別對他說「你別做夢了，實際一點！」人都有做夢的權利，你不用阻止孩子。

青春期的孩子有時候會沉迷，沈迷網咖、沈迷線上遊戲，都是因爲要逃離某事；沉迷於酒、賭博、吸毒等都一樣，都是因爲充滿無法解決的痛苦與壓力。抽煙往往是因爲焦慮才抽煙，沒什麼壓力的人，你請他抽，他也不抽；可是，已經在抽的人，你越嘮叨他越抽；爲什麼？因爲壓力更大。

小孩子玩線上遊戲，有時是爲了逃避學業或同儕的壓力，也包含家長碎碎念的壓力；所以，你一直叫他不要再玩了，他卻越來越沉迷。這樣的情況，家長或許儘可能地給他一個放心上網玩遊戲的時段，讓他安心地玩；否則，他偷偷摸摸地玩，每一分鐘都有壓力，會很有罪惡感，一點都不開心。與其如此，你乾脆跟他訂好一些遊戲規則，避免孩子沉迷就好。

■行行出狀元

最重要的是，家長要找出孩子的壓力源，並引導他找到對的出口。

如果把人類大腦分成三個部分，一部分是讀書的腦，一部分是賺錢的腦，另一部分是藝術的腦。那麼，有的人不會讀書，但是他很會賺錢；有的人不會賺錢，也不會讀書，可是他有藝術的腦。什麼叫藝術？就是用不同的方式將人生的眞善美加以呈現，這叫藝術。

我們可以說，畫家畢卡索有藝術的腦，也有賺錢的腦，所以他賺了很多錢，是一個最會享受的藝術家。可是，梵谷就只有藝術的腦，卻沒有賺錢的腦，所以一生窮困潦倒，他活著的時候沒有賣出過一幅畫。莫札特也是有藝術的腦，他是音樂天才；但他也沒有賺錢的腦，死的時候窮困落魄。

有的孩子書讀不好，有的家長就打他的頭，這可千萬不要！因爲，孩子可能沒有讀書的腦，但有賺錢的腦。相反地，我認識很多博士，窮兮兮、苦哈哈的大有人在；他們都有讀書的腦，卻沒有賺錢的腦。例如奇美的許文龍，他有藝術的腦，小提琴拉得很好，並且還設立了奇美博物館，但他也有賺錢的腦。因爲每個人都不一樣，所以讀書讀不好並不是什麼讓人遺憾的事；不要因爲讀書而讓小孩子一直有挫折感，可能因此摧殘了一個比爾．蓋茲。

比爾．蓋茲其實沒有讀書的腦，他勉強讀到哈佛大學，是他爸爸硬讓他去念的，結果他只讀一年就申請退學了；可是，他有玩電腦的腦，結果現在成爲世界首富。二十一世紀的生存法則與過去不一樣了，走一趟電腦街，執行長都是二十幾歲的小伙子；你以爲他們是修機器的技工，實際上他卻是電腦公司的執行長。爲什麼？因爲他們都是玩電腦長大的。

所以，父母千萬不要以過去的經驗來指導未來的青少年，不要給孩子負面的影響。行行出狀元，他若是喜歡烤蛋糕，也有可能成爲世界冠軍；日本人就懂得各行各業都有專家、有名人，你只要在你的行業裡成爲頂尖就可以了。所謂「萬般皆下品，唯有讀書高」，是中國古時候的科舉觀念，現在不一樣了。

至於有些青少年爲了逃避壓力而信仰了宗教；我認爲，宗教是不錯，但不要沉迷。宗教是生活的一部分，很多人在苦難時從宗教得到幫助；但是，不要過度地投入，而將它當成生活的全部，如此會窄化了生活豐富的層面。生活是很多元的、多采多姿的，在苦難中當然可以從宗教中找到慰藉；但是不要忘記，人生還有很多其他的層面，要讓孩子多去探索，多去接觸。

父母對待孩子的想法及認定會形成他的內在價值；若自幼內心受到創傷，長大以後，外在的那些成就，並無法修復內心的傷口。據心理學的研究，心理受傷害二十年，就要用十年來復原；如果受傷害四十年，就要用二十年來復原；復原這條路是很辛苦的。

期盼每位家長都能好好對待及瞭解自己的孩子，給他關懷、給他自信、給他安全，讓他在快樂健全的環境中健康成長。

如何培養孩子的競爭力

◎譚德玉
親職教育專業講師

成功，
就是將簡單的事重複做、持續做，
做到變成習慣為止；
父母還要把時間規畫放在重要的事物上，
尤其是自己及孩子的心智成長上，
才能讓孩子卓越。

教養孩子，我和一般人不一樣的地方是，我關心的範圍會超前：在孩子還沒有進幼稚園的時候，我就開始研究幼稚園階段的發展與教學內容；他讀幼稚園時我就研究國小階段，他讀國小時我研究國中，他讀國中時我研究高中，他讀高中時我研究大學；到了他讀大學時，我關心的角度就跨越到全世界的發展局勢了。

因爲我認爲，父母必須把眼光放遠，才能引導孩子學習。父母比孩子多了二十年以上的閱歷，應該用這二十年的閱歷去幫助他；所以，你必須與時俱進，帶著孩子一起向上提昇。

這幾年我往返兩岸演講、工作，深刻地感受到一個現象：大陸的人才將成爲台灣人在職場上的強勁對手。我們可以用數字來說明這個現象。大陸有十四億人口，如以七十歲爲範圍，以每十歲爲一個年齡層來計算的話，每一個年齡層是兩千萬。能夠進入大陸前十大名校的不到十萬人；換句話說，淘汰了一千九百九十萬人後，剩下的十萬人才能進十大名校。上海是目前大陸待遇最高的地方；十大名校畢業的菁英，在上海的月薪是人民幣兩千元，折合台幣八千元。這麼傑出的人才，月薪只有八千元台幣。

而台灣的一個年齡層是三十萬人，前五大名校的學生大約三萬人，進入五大名校的機率約等於百分之十；而大陸的學生成爲名校生則是兩千萬分之十萬，等於百分之零點五；也就是說，其機率更小，競爭更激烈。大陸名校畢業生月薪只有兩千元人民幣，台灣的名校生月薪大概是一萬元人民幣，我們的薪水是大陸的五倍；但是，兩岸的人才比一比，我們工作的態度有沒有他們那麼積極？如果你是老闆，你要用誰？一些外國人如日本人、美國人或是菲勞、印勞到台灣來，影響都不大，因爲他們不會講我們的語言；可是，對岸的人使用的語言跟我們一樣，在職場上，可以直接溝通，是不可輕忽的對手。

我們的孩子，面對未來競爭激烈的程度一定會超過我們，爲人父母的你現在就要開始想，該怎麼好好栽培孩子！

■英文及網路的重要性

家長們必須要瞭解的第一個觀念就是：未來是「英文必勝」的時代。雖然不一定英文好將來就一定會有亮麗的人生；但是，不懂英文，未來可能會面對處處難行的窘境。

語言是一種溝通的工具；比方說，你若只會閩南語一種語言，就只能在台灣及福建一帶發展；懂得普通話，便能在大陸各地發展。同樣地，會了英文之後，因全世界有百分之八十的地方可以使用英文溝通，就可以到世界各地發展。並不是會了英文將來一定會有前途，但是英文如果傑出，可以生存發展的版圖就大；除了美國之外，還可以到南非、澳洲、紐西蘭、加拿大等英語系國家發展。

英文如果不好，可能就不容易找到理想的工作。雖然有些人在某個領域很傑出，即使不會講英文，也有很好的發展機會，但那畢竟只是少數。要增強孩子的競爭力，我們一定要好好培養孩子英文的能力。

第二個觀念，家長一定要加強網路的操作能力。不會上網，在網路的新新族群裡，你就變成ＬＫＫ。網路基本上是一個很大的垃圾桶，卻也是一個很大的資料庫。網路帶給全世界教育的最大衝擊，是壓縮式的成長。一個人如果喜歡自然科，進入一個自然科的網路資料庫裡，每天看半個小時，連續看半年，程度便可以從小學一年級成長到六年級；再看個半年，程度就變國三；小朋友如果有能力在網路資料庫上學習，程度甚至可以到大學畢業。這就是小朋友在知識成長上的壓縮。小朋友不一定要在學校裡面按部就班地學，父母可以藉由電腦網路，讓孩子在知識學習上更無限寬廣。

不過，全世界的網路目前可以互相聯結，小朋友長大之後很有可能看到色情網路，那是全世界最有商機、最讓人沉淪的網路。家長有機會應該要去瞭解一下，爲什麼那樣的網頁會吸引孩子？然後想想該怎麼用防火牆或網路安全系統之類的，防範色情網頁進到家裡。電腦最好是放在家裡的公共區域，例如客廳，而不要放在孩子的房間裡，以免孩子沉迷網路。

台灣有許多優良網站，可以獲得許多知識與資訊，家長要先學會上網；因爲對一般人而言，如果不懂就不會喜歡，就不知道網路的重要。這個世界已經變得不一樣了，你若能進入這個網路世界裡，就可以把孩子也一起帶進去，和你一起去接觸新的科技，探索新的世界。

以現在的世界來說，三十幾歲者的電腦運行能力可能輸給二十幾歲的，二十幾歲的又輸給十幾歲的；在電腦時代，常是英雄出少年。在這樣的情況下，你的腦袋如果沒有努力、沒有不停更新的話，就落伍了！我們的孩子卻像活水般，每天不斷地流動、更新。網路時代跟以前最大的不同點在於，以前是靜態的時代，可能幾十年、幾百年不變；現在的網路則是每一秒鐘都在推翻前一秒鐘的東西，變化得太快了。因此，我們一定要能以變制變。

台灣實施教改十多年來，各界的批評莫衷一是，無論怎麼變，最重要的是家長的參與，家長要相信自己，用自己的成長跟努力，來幫助我們的孩子，成效會更大一點。

■增進自己與孩子的EQ

除了在課業方面給孩子幫助，家長也應該給孩子在生活方面正確的引導，而生活教育的第一件事，是要認識EQ。

EQ主要有五點：第一認識自己的情緒。你能不能瞭解自己的情緒？你做過自己的情緒週期表嗎？你在什麼樣的環境容易生氣？例如，上班出門時，往往是非常容易發脾氣的時候。若是上班快要遲到了，要跟你一起出門的孩子突然說：「對不起，我的作業沒有帶……」你可能會爲了等孩子，又耽誤了一點時間，然後在一路上罵個不停。第二天，車子要開了，換你忘了帶東西，只好叫孩子去幫你拿下來。看到你的情況，孩子可能會偷偷在心裡說：「你也應該像昨天罵我一樣罵你自己啊！怎麼都不罵你自己？」

人有時在某種情況之下特別容易有情緒；要知道自己在怎樣的情況下會發脾氣、該怎麼處理，而能事先有時間規畫，在那個關頭就可以按部就班，氣定神閒、從容不迫地度過。

家長可以從簽孩子的聯絡簿開始做起，教他自己檢查該帶的東西；並與孩子討論上學的出發時間，讓他前一分鐘就在車子旁邊等你。這種習慣並不會與生俱來，但是是可以「訓練」出來的；基本上，這是計畫跟培養的關係。

第二是妥善的管理情緒，特別是負面的情緒。讓自己每天能高高興興、笑嘻嘻的，總是看著自己好的一面，保持正向的信念。有好的想法，就能有好的行動，好行動會帶來好的結果。

前教育部長曾志朗推動閱讀教育，那時我在二林鎮的原斗國中當校長，也在學校推動閱讀教育。二林當時正好有一家麥當勞開幕，所以我想了個點子：打電話向麥當勞的總裁提案，說明學校推動閱讀的計畫，鼓勵孩子一個學期讀八本，希望麥當勞贊助支持；如果小朋友交出八張Ａ４紙的心得，就由麥當勞送一張獎狀，並贈送一份早餐。總裁爽快地回答說可以啊，然後指派店長到我們學校洽談活動細節。等到下學期開學時進行頒獎，全校師生幾乎都得到獎勵，新聞媒體也都來採訪，也讓麥當勞得到一次免費的宣傳！

很多人對我說：「你好有辦法，連麥當勞都有辦法說服。」其實，我根本不認識麥當勞任何人。也有人說：「若是對方拒絕你，那不是很沒面子嗎？」這就是想法的問題了。我跟對方完全不認識，全台灣有四、五千所國中，對方可能連我們學校在哪裡都不知道。我打電話給他，他若是拒絕我，那也是合理的；但是，若是我勇於嘗試，而他也答應了，我們就賺到了！我不會預設他一定會答應，也不會覺得若對方拒絕我會沒面子；因爲，一個企業就算再有錢，也不會亂用錢。

第三是理性思維。舉例來說，當孩子考試考壞了，你覺得不能接受，第一個反應就是責罵，罵到後來連夫妻都吵架。先生罵老婆：「都是妳不會教！」正在氣頭上的老婆就隨口反擊：「胡說！是你基因不好，自己還不承認！」這就會成爲一種相互責怪的連鎖反應。

孩子的數學成績不好可以看成是孩子「在數學的學習上生病了」。如果你的孩子生病，發燒到三十九度半，請問你是先打一頓並且還罵他：「都是你不懂得保養自己的身體，還要爸媽花錢送你到醫院看病！」，或是先送醫院？

同樣的道理，學習上若是生了病，父母就應該幫孩子解決問題，弄清楚原因：是不是回來沒有作作業？看電視看太多了？不懂的不敢問？針對問題幫孩子解決，而不是罵他：「看吧！叫你不要看電視你不聽！」或是「叫你做驗算你都不做，考這種爛成績！」身體生病了我們會先送醫院，學習上生病爲什麼卻先罵人、打人？這豈不是落井下石？

第四是同理心。同理心就是能站在他人的角度替他人著想。有一個很多人聽過的故事：先生一天到晚認爲太太很輕鬆、在家裡也不必做什麼事，只有煮飯；太太則認爲老公做的事也沒什麼了不起，只不過是牽一頭牛去耕田而已。有一天，他們兩個互換工作。先生這才發現，自己飯怎麼都煮不好；太太則是完全沒辦法使喚牛，累得筋疲力盡。兩個人這時才以另一種眼光，感恩對方的付出。這就是喚起同理心，設身處地在對方立場去看事情。

越小的孩子往往越不懂得設身處地，因爲年紀小，只有生理反應：「媽！我餓了！」就給他吃飯；「媽，我會冷！」就給他加衣服。若要讓孩子懂得體貼及感謝，最好的辦法就是讓他體會別人的立場。比如，讓孩子扮演媽媽的角色，讓他負責買菜。假設家裡一天的菜錢是兩百元，就拿兩百元給他，然後跟著他一起去買菜，告訴他要買一家人要吃的三餐，要有魚、有肉、青菜、蛋，蔬菜水果，營養要均衡，他只要採買就好，不用管怎麼配菜。如此一來，孩子才能體會到買菜的辛苦，才能眞正的體會到如何站在不同的角度替人著想。

懂得利用角色扮演，現實生活便是同理心最大的訓練場；父母若能隨機運用，對孩子的幫助越大。

■激勵強化成功經驗

第五，激勵自己，讚美別人。社交能力跟自我激勵及同理心都有關係：你要懂得站在對方的角度去想事情，要知道逆向思考，要懂得激勵自己；更要懂得表達對別人的讚美，這也是一種訓練。

有一次，我去台中演講，在演講地點附近找到一家不起眼的咖啡店。我進去的時候，料想這咖啡店裡的簡餐大概是微波餐、咖啡是三合一之類的。沒想到，店裡面很幽靜典雅，餐點也不是微波餐，而是現煮的新鮮佳餚；餐後送來的咖啡更讓我驚喜，香醇甘美，很有職業水準。

我走到櫃檯，向服務生詢問咖啡是誰煮的？她以為我要興師問罪，反問我有什麼問題。我說，我要跟煮咖啡的人道聲謝謝；因爲我沒想到，在這樣的地方可以喝到這麼專業的咖啡，眞是出乎我意料之外。那位小女孩聽完就開心地笑了，我便回到坐位休息。過了一會兒後，服務生端了一杯咖啡給我，她說：「先生，煮咖啡的小姐說，從沒有碰過一位像您這樣有禮貌的客人。這杯咖啡是她用最好的咖啡豆煮的，要免費請您鑑賞一下。」

人與人之間善意的付出，會引來更多善意的回應，周遭的環境就會變得愈來愈好；這種習慣，必須在日常生活中培養。我記得有一部電影叫〈麥迪遜之橋〉，內容描寫到中年婦女的外遇問題。有才華及智慧的女主角梅莉史翠普結了婚之後，在家裡當個家庭主婦，住在美國的偏僻鄉下；將兩個孩子扶養到二十歲以後，她感覺心都老了。而柯林伊斯威特飾演一個《國家地理雜誌》的攝影師，來到這個地方，正好女主角的先生帶著兩個小孩出門不在家。兩個人碰面後，天雷勾動地火，一發不可收拾。

女人碰到喜歡的男人就會開始打扮，她已經很多年沒有打扮了。某天晚上，柯林伊斯威特要來用餐，她特地買了一件低胸洋裝，擦點胭脂以後，漂亮得連自己都不敢相信。柯林伊斯威特帶了一瓶酒過去拜訪她，門一打開就不禁嚇到，手上的東西差點掉在地上。她因爲很久沒打扮，對自己沒有信心，還以爲是自己不得體嚇到他了；柯林伊斯威特笑著解釋，是因爲打扮後的她美麗得驚人，所以他才失態。

發自內心的讚美最能打動人心，也是信心的泉源。人都喜歡也需要被讚美，尤其是我們的孩子。孩子年紀小，還不知道自己是誰，他所有的自我概念、自我形象大部分來自父母，其次是師長以及同學。父母應該要經常告訴孩子：「你眞是一個可愛的孩子、你眞是一個活潑的孩子……」要多稱讚孩子的優點。建立孩子對自我的正向肯定。若是爸爸媽媽一天到晚只會對孩子說：「你眞笨！」久而久之，他便會覺得自己好笨；「你們都說我笨，我就是笨嘛，所以我不會！」其實，都是因爲父母在他的「電腦」裡面，每天輸入病毒：「你好糟糕！你好糟糕……」所以他當然無法順利執行程式。

挑剔的言語是每個人心中的痛。愛挑剔的配偶是另一半的痛；同樣地，愛挑剔的爸爸媽媽是孩子的痛，愛挑剔的老師是學生的痛……不管別人怎麼做他都覺得不滿意，這樣的人，很容易對他人造成傷害。

說好話可以成就好事，感謝的話語可以聚集好的能量，化解人際樊籬。例如你想改善婆媳關係，只要有心，就能做得到。比方說，你的婆婆常跟三個親友在一起，你就要從這三個人下手，天天在他們面前表達你的感謝：「我婆婆跟我先生對我眞好，每天在家幫我處理許多家務，讓我可以減輕家事負擔……」即使她只幫忙一點點或甚至都不做，但妳也一定要找出她值得感謝之處，大聲表達出來，在別人面前絕對要講你婆婆的好話。你千萬不要說：「我跟你說，你不可以跟別人說喔，我的婆婆對我眞壞……」一分鐘後全世界都知道了，這樣只會將彼此的鴻溝越挖越深。你講她好，她自己聽了會不好意思，久而久之態度就會有所轉變了。

對於孩子，你的每一句話，都在形塑他的內在自我，父母更是應該提醒自己，多說正向肯定的話。例如，親師會跟老師座談時，你千萬不要說：「老師，怎麼辦？我的小孩都沒優點……」甚至老師說：「妳的小孩這次月考考得不錯，考三百分九十六分啊！」你還批評說怎麼沒有考四百分滿分？父母應該高興地說：「老師，他不但功課好，還有很多好的行爲，都是老師教的。他在家裡很體貼，晚上會幫我洗碗；他很貼心，睡覺以前會幫我搥背。我問他說你怎麼變得這麼貼心乖巧，他說是老師教的呀！」正向的鼓勵與肯定，會帶出一連串更好的行爲，這就是激勵的重要性。

透過激勵，可以引導孩子自我挑戰、自我實現，而體會到「自我神馳」（flow）的經驗。當你完成某些事的時候，會感到非常興奮及愉悅，這種經驗就叫神馳經驗；也就是因克服了挑戰，而覺得非常快樂，或者感受到「成功的喜悅、以及高峰經驗」，因此有一種自信、從容的心智狀態。

我的孩子小學五年級時，有一次正在算數學，媽媽在樓下喊：「吃飯了！」我就對孩子說：「吃飯了，走吧，我好餓！」兒子說：「我再算這一題，你先下去吃。」十分鐘後，孩子得意地對我們說：「嘿！我解出來了！」你一定要常常爲孩子創造這樣的經驗。有這樣的經驗之後，你可以幫他把當時歡喜的表情用相機照起來，經常讓他去回憶當時的經驗，把那個經驗定格；這些經驗，往後可以成爲他克服挫折或激勵自己一再進步的動力。

這樣做還可以強化他的記憶，讓他一直有成功的觀念在腦海裡；用一句話或一張照片去喚醒成功的經驗，成功經驗會引發下一次成功經驗。也可以坐直身體，將眼睛閉起來，慢慢回想，一直強化成功的經驗，每天複習。不斷地強化你自己及家人的成功與喜悅，也就是不斷地強化神馳經驗，

要注意的是，不要一下子就給你的孩子超過他能力太多的東西。你的孩子現在只能提十斤，你一下子讓他挑一百斤，這樣是揠苗助長；應該循序漸進地讓他挑戰困難。

■認真計畫，確實執行

除了激勵之外，生活要有計畫，沒有計畫就是計畫失敗。每一天晚上睡覺前十五分鐘或是半個小時，要完全安靜下來，把工作行事曆拿出來，將第二天要做的事先在紙上擬定，做事情就會非常從容。「成功」，就是將簡單的事重複地做，做到習慣為止，因為人是習慣的產物。同樣地，聽演講是一種習慣，看電視也是一種習慣，端賴你想養成哪種習慣；建立好的習慣才能幫助你邁向成功。

聽演講可以吸收別人智慧的精華。假設你有計畫地每個禮拜都聽一場演講的話，一年就聽了五十二場，對自己的成長有很大助益；反之，把同樣的時間放在綜藝節目上，時間就浪費了。建議你去買一本筆記本，將演講的重點記錄下來。即使時間過了再久，演講筆記還是可以一再地翻閱回顧，這會刺激你把演講所得放在生活中實踐。若是你完全不做記錄，在現場或許聽得熱血沸騰，但一出了會場就印象模糊了。只有這樣，讓自己從原本熟悉的環境及習慣裡跳脫出來，才能強迫自己成長。

我是極度反電視的；我認為，沒有選擇地看，只會浪費寶貴的時間。九二一大地震後，中部地區有一個禮拜左右的時間停電，當然沒有電視可看，那時突然發現時間多出來很多。剛開始會覺得很無聊；但是，坐下來跟家人或鄰居在一起，講故事也好，聊聊天也好，一樣很快樂。所以，電視一定要關掉，你的時間才會多。

試想，如果有一個孩子，從禮拜一到禮拜五，每天看兩個小時電視，另一個則是看兩個小時的書，彼此讀書時間就相差了十小時；再加上禮拜六、日，讀書時間較多，一週合計閱讀或學習約二十個小時；一年五十二個禮拜，就有一千個小時。幼稚班三年、國小六年，合計九年，不看電視而看書的孩子，等於多學習了九千個小時。

國小時差距比較看不出來；可是一到國中階段，課業壓力加重，學區變大，把時間用在看電視的孩子，成績突然間掉了下來，家長這才感到：「怎麼會這樣？國中老師都不會教嗎？」其實不是！是因爲孩子的基礎沒打好。到高中聯考的時候，相差更多。至於未來：對岸只領兩千元人民幣的人才正在虎視眈眈呢！

怎麼辦？把電視關上，做好時間規畫，不要浪費太多時間看電視，只要開始去做，永遠不會太遲！除此之外，每天去發現家人們的優點，並且寫下來，像是：

「爸爸，你今天上班好認眞哦！」「媽媽，你爲我們付出，辛苦了。」「弟弟你作業已經寫了一半了，好棒喔！」要記得：讚美與鼓勵就好像禮物一樣，沒有說出來的讚美就像沒有送出的禮物一樣，對方永遠收不到；所以，一定要告訴對方。家人之間養成讚美與鼓勵的習慣，就能帶動彼此正向的成長。

在學校也是如此。我們學校的畢業班導師，都要在畢業紀念冊上，針對每一個同學的優點提出期許，像是：「靈活的腦筋需要修鍊，讓它更能發揮光芒；記得每一天要多動腦喔！」或是：「要先對自己坦白，才能有坦蕩的人生！」「要相信自己，只要自己努力過就夠了，就可以無怨無悔。永遠支持你喔！」每位老師都要寫出四十個小朋友不同的優點，給他激勵。

很多小朋友從小到大沒有機會拿到一張獎狀。我在擔任校長的時候，在學校推行一項做法：每學期結束時，每個孩子都會因他獨特的優點最少得到一張獎狀，六學期就有六張，獎狀是由老師寫的。老師跟孩子相處了一個學期，只要用心就能看出孩子的優點；我們希望不但能看到孩子的優點，而且希望他做得更好，因爲孩子總是向著師長讚美以及鼓勵的方向成長。此外，學校可以作一本讚美孩子的「葵花寶典」給老師，例如：「好了不起！」「沒想到，你眞有天分！」「看到你的表現我好高興！」「對！就是這樣做！」「你翻書的姿勢很優雅！」由此看來，有什麼是不能讚美的？

人追求的目標有很多的層次，有一個層次是希望被他人尊重、被他人肯定、被他人看重。目前我們的教育體系及家庭體系，比較缺乏這個層次的鼓勵。一般人會覺得「你好是應該的；因爲你不好所以我要教你。」其實，對小朋友來說，他的行爲完全是本能的；爸爸媽媽若一直帶著他往正確的路上走，他的發展會越來越好。

鼓勵大家讚美別人，其實也不是件易事，所以我們需要多多練習。有些人一開口就像是「毒蛇咬人」，就算是「刀子口，豆腐心」，還是會對別人造成傷害。我們常常在無形之中傷害別人，尤其是傷害我們最親近的人。

因此，要想「口吐蓮花」，最簡單的方法就是做計畫，凡事馬上行動，即使是大概的計畫也好，例如：第二天稱讚人家「工作好認眞」、第三天說他「體貼」、第四天誇他「幫忙洗碗」……不斷地去發現一個人的優點。你若能在家中實施，也能培養出「口吐蓮花」的家風。

凡事要馬上行動，現在就可以將眼睛閉起來想一想：我回去的時候，對另一半要說什麼話？對小孩說什麼話？可以把它寫下來，提醒自己，回家時就給另一半一個擁抱，告訴對方：「謝謝你！如果沒有你的支持，就沒有今天的我！」這個就叫做激勵！

我的孩子念國小的時候，有一天我去接他，開車經過十字路口時停下來等紅燈；那時下著毛毛雨，有一個低年級的小朋友，也在等紅燈。那時候，路口沒有車子，我看他沒有穿雨衣，就把車窗搖下來向他說：「小朋友，紅燈要停沒有錯，但是現在下雨，又沒有車經過，你趕快衝過去，否則會感冒喔！」他笑一笑說：「伯伯，我是學校的模範生，這種事我不會做！」

我當時先是覺得很難堪，接著覺得很欣慰：他的父母眞會教小孩，讓守法變成習慣。「我寧可淋雨也不闖紅燈，因爲我是模範生；我有這麼好的優點，所以這事我不會做的。」這就是勉勵的作用！這個世界隨時隨地都有誘惑，這個孩子則對自己有很大的定力，知道什麼事是他不該做的；如果你有這樣的小孩，他到哪裡去你都很放心，因爲你知道他不會去不該去的地方、不會做不該做的事。

所以，家長及老師要多鼓勵孩子，每天發現他的優點，爲他貼上一個好的標籤，建立良好的自我形象。

■EQ七大法寶

至於邁向成功的EQ，則有七大法寶。第一，一心一境，做任何事都全力以赴，活在當下。只有眼前的事情才是你可以掌握的，所以要一心一境，做任何事情都全力以赴。

第二，隨緣不隨氣，用心不用力。有一些話可以用來勉勵自己：「沒辦法掌握別人，那就控制自己」；「沒有辦法預測明天，但是可以掌握今天」；「沒有辦法掌握生命的長度，但可以控制生命的力度」；「沒有辦法事事如意，但可以事事盡力」。

第三，做好事，說好話，存好心。多說鼓勵、感恩、溫暖的話；在人際互動的過程中盡量給人希望、方便、信心、力量。盡量看出別人的優點，包括對自己的親人，讚美與感謝不但要講出來也要寫下來，而且要持續成爲習慣；當我們被讚美時，感覺會很好。訂下計畫、配合行動，每天家裡一定要有一段時間，三分鐘、五分鐘也好，全家一起來做，彼此肯定、彼此鼓勵、彼此微笑。

凡事往好處想、往正面想，朝樂觀想，替別人想；日常行事、互動，皆從善意、公益出發，得不到正面的反應是正常，若是對方有所回應則是賺到。一定要有這種觀念：隨時隨地向別人表達你的善意。

爸爸媽媽可以成爲家裡和煦的陽光，讓孩子跟你在一起時都覺得好快樂。生活要規律、身體要保養、心理要修養、品性要培養、飲食要營養、腳步要放慢、心情放輕鬆、姿態要放低、心胸要放寬、視野要放廣、放大期待、放長時空——就是讓心境放寬，像是國畫中的留白，天地才會寬。

除了在順境中要心懷感激之外，面對逆境時激勵也很重要，特別是表現不好的時候。現在我們不只講ＥＱ，還要講ＡＱ（Adversity Quotient）——逆境智商。在逆境的時候要激勵：沒有所謂的失敗，只是暫時停止成功。你的小孩成績考壞了，他只是在某一個點上沒有成功，不是失敗，兩者差別很大；失敗是負面的，表示「你很笨！你很糟糕！」但是，孩子只是在某個點沒有成功。父母可以跟孩子一起努力，把癥結找出來，繼續改變。

別人不能接受自己，或許是自己能力不夠、專業不足，可以繼續努力。「每一個人都應勇於接受挑戰，永遠只嘗到甜頭的人不會有美妙的人生。」「像傳說中的火鳥一樣，每一次的挫折是焠鍊心智的大好機會。」「成功者永不放棄，放棄者永不成功！」每個人心中一定要有這樣自我激勵的話，因爲人絕對會遇到逆境。

爸媽在家庭中就是領導者，領導者永遠做四件事：順境的時候感謝、逆境的時候激勵、訂立遠大的計畫、走在前面——因爲我們最少比孩子大二十歲。萬一孩子的認知有差異，我們就透過溝通凝聚共識，再變成行動。

想讓別人喜歡你，就要眞誠地關心他人；眞心眞意地關心，表達時最重要的是眼神要相對。有一次我太太要出去應酬，問我：「這樣穿好不好看？」當時我頭沒抬起來，就說：「好看！妳穿什麼都好看！」太太覺得我這樣講一點誠意都沒有，便叫兒子看：「兒子！你看媽媽這樣穿好不好看？」我兒子當時才九歲，他說：「媽！你非常好看！」媽媽就問爲什麼，他說：「因爲妳皮膚很白，穿粉紅色很像春天！」他講這些話的時候，一直很認眞地看著他媽媽。

讚美別人時就要像這樣：眼神要看著別人；要微笑；要具體地說出來。爲什麼要看著對方？因爲眼神能表現出眞誠。所以，跟孩子說話時若眼神沒有交流，是沒有用的。

微笑能拉近彼此的距離，傳達自己的善意，表示「我喜歡你，我願意跟你講話。」若有人天生一臉嚴肅，可以透過一個簡單的練習讓笑容養成習慣，這是十五年前有位老師教過我的方法。

那時候我家住五樓，每天下班提著包包爬上五樓時，眉毛都會皺在一起，一點笑容都沒有，讓人感覺很嚴肅。那位老師告訴我，在門口掛個鏡子，旁邊貼上「微笑三十次」以提醒自己，出門時就先看著鏡子笑；如果笑不出來，就用手指放在嘴角把它撐開。每天做到了就在紙上打勾，不要管別人怎麼看，只要繼續不斷地練。三個月之後，自然能養成微笑的習慣。

所以，當我遇到挫折或負面的情緒時，第一個反應是微笑，第二則是「走開」——從這個感覺離開，從這個想法離開。將微笑及「走開」的想法變成習慣，然後有計畫地、切實地去做。

■讓別人感到你很重視他

第四，姓名對任何人而言，都是最悅耳的語音；不但要記住別人的名字，也要懂得解釋人家的名字。例如，我叫譚德玉，「道德」的德、「玉山」的山；若我們第一次見面，你怎麼解釋我的名字？你可以這樣解釋：「君子之德如玉，謙謙君子其德如玉；校長，您是一個很謙虛的人，您的德性像玉一樣溫潤光潔。」總之，要記得人家的名字，並且要往好的方向解釋。

第五，多聆聽、多鼓勵別人談他自己的事。家人一起吃晚飯時，便是全家聊天最好的時候。有幾個重點，首先是要做到消極的「四不」：不批評、不指責、不抱怨、不算帳。全家人在一起吃晚飯的時間不多，所以先把這消極的四不做到，再來做積極的：要鼓勵、感恩、包容、讚美。

此外，發揮一些巧思，晚飯時間，就可以讓全家擁有許多溫馨時光。通常，在做飯的時候，全家最容易緊張，除了廚房會鏗鏗鏘鏘之外，連臉色都變得難看。假如一個禮拜挪出至少一個晚上到外面用餐，例如，下班之後不要回家，而是和家人約在家附近的校園或公園，就在附近買點飯菜、水果，和家人在那裡用餐，一家人可以享受寬闊的空間及寧靜，這樣吃飯就很快樂。不會像在家裡，媽媽還得收拾善後，一直催孩子趕快吃，用餐好有壓力。

現在的生活機能這麼方便，只要少少的花費可以解決晚餐，買一個晚上的悠閒。其實，也可以在做午飯的時候連晚飯一起做，或是前一天晚上順便把第二天的也準備好。這也是EQ，可以讓你擁有更多餘裕的時間，而且不必花大錢。

第六，談論對方感興趣的話題，衷心地讓對方覺得自己很重要。孩子若敢跟父母談他在學校發生的糗事，表示你們的親子關係很融洽。例如，孩子講：「今天好倒楣！後面的同學叫我傳紙條給前面的同學；紙條丟到我的桌上，我都還沒有機會傳就被老師發現。結果被罰站十分鐘，我也不敢跟老師解釋。」這只是孩子人生中的小插曲，父母不要馬上罵說：「一定是你上課不專心，爲什麼老師不罰別人就只罰你？同學爲什麼不丟到別人桌上卻丟你桌上，一定是你們平常就這樣玩。」不要對孩子做二次處罰，父母只要微笑地諒解就好了。大人越放輕鬆，對孩子來說越好。

第七，注意溝通的技巧。要接納對方的看法；幽默而不嘲諷；坦白面對自己的感受，同時要適當地說不。要注意的是，有些話題不適合談論。不管是在國外或是台灣，政治議題最好不要談，尤其當搭計程車時；宗教也不要談，其它的話題大概都可以談。坦誠面對自己的感覺，則是放在寫日記的時候；若是有寫日記或工作紀錄的習慣，就可以眞誠的面對自己、反省自己。

■布置書香環境

在我們家，一到七點電話就停掉；我的小孩從國小一年級直到高中這段時間，只要他在家，七點以後我們就完全停掉所有電話。晚上全家就安安靜靜地看書。我們家好多年沒有電視，很多家長問我：「校長，你們家沒有電視，你的孩子跟同學溝通不會有問題嗎？

其實，朋友間都會有相同的習慣。我們愛喝酒就會有酒友，打牌會有牌友，要唱ＫＴＶ，也會有一起唱歌的朋友，喜歡購物就會有一起「瞎拼」的朋友；同樣的道理，愛讀書就會有書友，愛爬山就會有山友。我們都希望孩子是屬於贏家這個圈子的，會有比較高的水平，將來的工作能夠穩定且高薪，比較不會受到失業的威脅。家長如此，小朋友自己也會慢慢地有所選擇。建議大家以看書取代看電視，即使看電視，節目也要有所選擇，不要被電視控制。

複製別人的成功經驗，是讓自己邁向成功的捷徑。當你把電視關起來，時間就變多了，每天晚上至少多二至三個小時；就像你晚上不做飯的時候，那天晚上就很悠閒。這些時間可以做什麼？家長可以安排一個書香的讀書環境。

我非常喜歡誠品書店，誠品可以說是台灣人的驕傲跟光榮；即使日本那麼愛讀書的國家，都沒有像誠品那樣的書店。孩子沒上課的時候，可以到誠品書店兒童館看書，甚至可以看一下午；台中的誠品書店對面是娛樂街，全部都是電動玩具店，孩子也可以在那裡面待上一下午。長久下來，看書的小孩及玩電玩的小孩兩者間的氣質跟內涵會不會有差別？

若是沒辦法天天去誠品，爸媽可以試著將家營造成誠品書店。家裡若是不常有客人，其實可以不必放沙發；如此，便能利用客廳角落三到五坪的空間鋪上地板或塑膠墊，裝一個投射燈，放一台手提收錄音機——看書的時候可以一邊聽音樂，放一些書，擺幾張照片，好好的布置一番；如此一來，家裡就營造出了書香的環境。

還可以拍一張全家一起看書的照片，貼在客廳牆壁上，每天晚上都能看到。這樣的成功情境感覺眞好！別人在看電視時你的孩子在看書，可以不斷進修，更深入地學習。

■追求頂尖卓越

我還要跟大家分享「頂尖」的理論，也就是要讓你的孩子一直有源源活水。「問渠哪得清如許？爲有源頭活水來。」什麼是孩子的清泉活水？就是好書、好音樂，好的書香環境，以及父母的激勵——好的心靈環境、好的同學，讓他一直有美好的事物在心裡面。會流動的水才不會腐臭；如果希望孩子是流動的水，就要常有清泉流動，家長本身也要不斷地有清泉注入。

清泉從哪裡來？有兩個方面的考量。第一是「量」，也就是流行跟賣座。這方面的事物家長不用教，在孩子的成長過程中一定會碰到，像是凱蒂貓、皮卡丘等，大家都會談；今天流行孫燕姿、明天風靡王力宏，他們都會隨口唱幾句。第二是「質」；質的方面則需要家長引導，沒有認眞帶小朋友，他不會主動去接觸。「質」

就是指「經典」，也就是好書、好音樂、好電影。

我喜歡看電影，就用電影作比方。現在大多數家庭都有ＤＶＤ，可以把家裡的電視關起來，去租借歷年來的好電影片來看。跟看一些亂七八糟的影片相比，同樣花兩個小時，當然要選擇看經典的好片。看電影的時候，孩子會問東問西，父母自己也要做功課，像是上網查資料，或是到圖書館查相關資料；爸媽還可以跟孩子一起討論，這部電影對什麼有幫助，是不是可以跟課程相結合。

再舉參觀兵馬俑爲例。看兵馬俑之前要先做功課，剪報是一種方式，也可以找百科全書或是上網找資料。其次，小孩子和大孩子的參觀方式不一樣。幼稚園小孩可能只要在表上打幾個勾，表示看到了哪些東西；國小一、二年級的小朋友，可能只是簡單地寫一下心得。中高年級的小朋友，便可以上網找一些資料，拍幾張照片，用一張Ａ４紙，挑幾張最得意的貼上去，旁邊還做一些說明，成爲參觀兵馬俑的記錄。

現在週休二日，若是每個禮拜去一次，家長可能會覺得有些負擔；就算兩個禮拜去一次，一年也有二十幾次，對孩子的學習很有幫助。若能每次去參觀之前，養成事前做功課的習慣，一年下來就有二十幾本參觀記錄，小學六年就一百五十本。還沒念國中之前，就有一百五十本學習記錄，這樣的孩子會不傑出嗎？

多去頂尖的地方不一定要花很多錢，像是美術館、圖書館、電影院或縣市文化中心的電影放映廳等；在家裡看電影，跟在電影院看畢竟不同，大場面還是應該在電影院看才能感受。你可以規畫電影院之旅、博物館之旅等行程，每一次去之前都做功課，回來之後則做回饋單，讓他建立起學習的習慣；因爲你要帶他，所以自己也要養成事前蒐集資料的習慣。

總之，各位要記住：第一，沒有計畫就是失敗方案，所以一定要有所計畫；第二，複製別人的成功模式，是讓自己邁向成功的最短途徑；第三，結合同好，自主學習，可以跟其他家長一起，舉辦父母成長班；花費不多，收穫卻很大。同時，還要永遠懂得運用別人的長處，與其他家長分享教養孩子的良好經驗。

家庭教育的重要

我父親是一個退伍軍人，自己從大陸到台灣來，咬緊牙關地工作供我念大學。

我念的是私立大學，學費很貴，自己也擺地攤擺了五年。畢業之後，我當了老師，還當上校長。到了我當父親時，我用我的方式教育我的小孩，他現在念台大。

一個家庭到台灣來，五十年間歷經三代，就這樣三個輪轉。教育，是提升自己、讓家庭改變的最便宜途徑。尤其是現在，競爭這麼激烈，廉價的勞力沒有明天，唯有靠教育讓我們的孩子成爲菁英。

雖然我大學聯考英文只考兩分，但我還是能用錄音帶、英文繪本、電腦遊戲等方法創造環境，帶著孩子學英文，讓他將說寫英文成爲習慣。就算一天只背七個單字，今天七個、明天七個、後天七個……一年下來就有兩千多個單字；國中三年也不過教八百多個單字。重點是要把它當成習慣，剛開始就算一天只背一個也好，沒背好就不睡覺；沒有積極的動力與執行能力，所有計畫都是假的。

總之，家長要學習的，是怎樣費盡心思安排環境讓孩子學習，然後確實按照計畫去執行。成功，就是將簡單的事重複做、持續做，做到變成習慣爲止。

重點是要規畫。父母最會規畫的事往往是吃飯：早上就想好要買什麼菜，然後中餐煮什麼、晚餐煮什麼……。我們要改變習慣，把時間規畫放在重要的事物上，尤其是自己及孩子的心智成長上，才能讓孩子卓越。

如何培養孩子的品格與界線

◎林覺隆
家庭與婚姻專業講師

自從我成為父親以後，
常覺得孩子在觀察我們的一舉一動；
孩子會成為怎樣的人，
其關鍵就在父母的榜樣與行為舉止。

有位國立大學教授感嘆地說，現在的研究生跟以前不一樣了，有時候答應教授的事，有沒有做好像都無所謂，大多沒有什麼責任感；越來越覺得這些讀書很優秀的學生，品格上卻實在令人擔心。因此，他請我去他的研究室爲研究生上一些人文的課程。

我每次去上課，有個學生常常一副想睡覺的樣子。他說，自己不是很喜歡讀這個系所，所以只要有時間就睡覺。想換跑道，但已經讀到研究所了，又擔心爸爸、媽媽反對，只好頹廢地繼續讀下去，課業成績差一點沒有過關。

這些現象背後所呈現出的問題，讓我深深覺得孩子的人格養成是一件很重要的事。然而，父母應怎樣培養孩子的品格教育？

■有榜樣的身教影響力

我們現在如何對待孩子，便會決定他的未來；我們現在怎麼教、夫妻怎麼呈現互動與關係，其實對孩子的未來職場、談戀愛、建立家庭等方面，都有很大的影響。

我先說個故事：有一個爸爸帶著他的孩子去釣魚。釣魚場有規定，四點以後就不能再釣了；而且規定超過四點以後釣到的魚，也要把它放回池塘。到了三點四十五分的時候，那個孩子的浮標在動，那條魚也一直掙扎；小孩自己沒有辦法拉起來，他的爸爸就過來幫忙，父子倆合力把那條魚拉上來；一看時間，已經超過四點十五分。爸爸就跟孩子說：「請你把魚放回去！」孩子當然不願意把好不容易釣到的魚放回池塘。但在釣魚之前，這位爸爸就叫那個孩子看清楚告示牌上的規定，因此孩子是知道這裡的規定只能釣到四點。那個孩子理直氣壯地說，他是三點四十五分釣到的；但爸爸提醒他說：「但我們四點十五分才把魚釣起來，所以我們必須把魚放回去！」

這個故事中的父親，因爲他的堅持，後來那個孩子成爲紐約最著名的律師，他因其誠實而出名。他通常會事先對當事人說，他很樂意爲案主伸張正義；但是，如果在訴訟過程中發現當事人是不誠實的，就不會再替他辯護。他的誠實，就是從他父親的堅持學來的。我們在孩子還小的時候所給他的示範，便會決定他未來會成爲怎樣的人。就如《聖經》上說：「人的思量如何，爲人就如何。」

我們再來想想看我們生活上會碰到的事：孩子喝飲料時，你正騎著摩托車載他；他飲料喝完就把空罐放在前座的籃子裡，結果風一吹就飛掉了；你願不願意停下摩托車，折回去把它撿起來？

老實說，還沒當父親時的我可能不太想將空罐撿回來，因為很麻煩！但自從我成為父親以後，常覺得孩子在觀察我們的一舉一動；孩子會成為隨便踐踏大地的人還是很謹慎守護大地的人？其關鍵在於父母的榜樣與行為舉止。

■孩子需要陪伴

有一對父母，只要孩子考試成績好，就給他物質獎勵。例如，他考上聯考，就答應買一台摩托車給他；考上大學，就買一台車給他；等到他通過留學考試，就送他一幢房子。這個孩子成家立業以後，有一天，他父親來到他家裡，因意見不同，他竟非常憤怒地朝著父親的方向把盤子摔過去，大聲說：「你只會給我東西！」孩子心中有愛的缺憾，他要的不是只有東西而已，對於輕易獲得的豐厚物質，也不知感恩。

新聞曾經報導一個社會事件：一個研究所男生，碩士讀完後，原本要到美國繼續攻讀博士，卻單戀上一個女孩子；當他發現那個女孩有男朋友後，就等她走出校門時，把化學藥品潑在她身上。這個男生的父親是計程車司機，媽媽做看護；我猜想，他的父母一定非常賣命地賺錢，辛苦地將孩子栽培成碩士、博士，希望孩子出人頭地。孩子是拿到學位了；但是，從這年輕人的舉止來看，他其實是從小缺少父母的陪伴。孩子需要的不單是課業與文憑，他們還需要愛與關心；父母不能只注意孩子在學業上的成就，還有很多層面要注意。

所以，父母不能只將關心投注在孩子的學業方面，生命還有其它可以實現的方向；而我們現在所做的，會決定孩子的未來，尤其是孩子品格與生命教育。

國外有一位家庭與人類學家曾經追蹤調查兩個母親的後代。其中一位母親是有家規的，也用愛與尊重來教育孩子。她有一千四百個後代，其中出了十四個校長、一百個神職人員、六十位大學教授、一百位律師、三十位大法官、六十六個醫生、八十個政府要員，還有一位醫學院院長、一位法學院院長。

另外一位是自由放縱的母親，滿足孩子的一切需要，我稱之爲「溺愛型」的母親，不論孩子要什麼都給他。她有七百個後代，其中有一百個私生子、一百八十個妓女、一百四十二個乞丐、一百二十二個罪犯。由此可見，母親的教育態度，的確會決定孩子的未來。

其實，不只是母親，父親的身教同樣重要。我在社區爲很多媽媽開辦讀書會，很多媽媽告訴我，她們幾乎叫不動他的兒子做家事；一問之下，大部分爸爸是不做家事的。其實，孩子們都在看，他們會看爸爸媽媽每天在做些什麼，然後從中模仿或學習行爲模式及態度。

有一本書叫《爲孩子立界線》（道聲出版社），作者教導父母如何透過設立界線培養孩子的品格。東方人在界線方面往往不清不楚，因爲太注重關係導向，很注重感情交流；家人間原本應該關係變得更好，卻演變成家人在一起很痛苦，沒有在一起也很痛苦。中國人也是從小最被要求規矩，但我們卻發現中國人非常不守規矩。其實，有時候這是設立界線的問題，也可能是父母在教導孩子界線時，有一些原則與態度沒有掌握好。這本書可以教父母，怎樣透過設立界線培育出有品格的小孩。

書中提到，一個長大成熟的人，需要具備幾項品格特質：第一必須「有愛心」，第二要「負責任」；能夠「自主」、能夠「主動」，然後要「知道現實」，還有要能夠「有學習成長的心」，要跟爸爸、媽媽們一樣有不斷成長的心；還要「誠實」，因為誠實是平安的根本，還可維繫家庭關係；最後，要學會依重要性排定優先順序的目標，選擇要過的人生。

以上所說的，都是孩子長大後非常重要的品格。接下來便我依這本書中所提到的品格，分享我個人對塑造孩子品格的看法與做法。

■培養孩子的愛心以及尊重

第一是要有愛心；如果缺乏愛心，便會陷入「利己主義」。我們必須在生活當中非常注意，孩子是不是有愛心。

我家有一個孩子通常將錢包放在書桌上；有一天晚上，我卻發現他突然將錢包放在枕頭旁邊，而且好像把它抱得很緊，讓我覺得很奇怪。我就趁他睡著了以後，將它打開一看——奇怪，怎麼會有兩千多塊？在他國中的時候，我每個月只給他五百塊，錢包裡怎麼會有兩千多塊？又因為他過去有未經允許就拿錢的紀錄，所以讓我不免起疑。

我要先說明：不可以對孩子有先入爲主的想法，發現他忽然有很多錢的時候，便馬上懷疑他；如果你馬上有這樣的反應，表示你已經對你的孩子貼上標籤「都是他偷的」。在這種情況下，你還是要用新的眼光跟態度，將這件事當成個案處理，不然作父母的情緒會很容易抓狂。

我隔天單獨帶他去公園，不在家人面前處理這件事情；一方面是讓環境單純一點，一方面是顧慮孩子的自尊心。我先對他說：「爸爸先跟你說對不起，沒有經過你的同意就打開你的皮包；因爲我覺得奇怪，你平常皮包是放在書桌上，怎麼突然放在枕頭旁邊？所以爸爸就打開看。你可不可以告訴我，你怎麼會有那麼多的錢？」他說，他跟同學下課時在路上撿到一個皮包，裡面剛好有五千元，他們兩個人就二一分帳，一人二千五百元。我說：「如果這五千元是那個丟的人僅有的錢，他會非常著急！你怎麼沒有想到把它送到警察局？」他回答：「裡面又沒有身分證或其他證件，我把它送到警察局也沒有人可以去認領，最後說不定會讓警察放進口袋裡；如果這樣，那還不如放進我的口袋裡。」

孩子有時有些想法看似有創意，但卻有點幼稚或自我中心，甚至是自私自利，所以他們才被稱爲「孩子」；雖然已經是國中生了，不過還是不夠成熟，我們便需要幫助他、引導他。我說：「如果這五千塊是爸爸要替你交學費的，你希不希望撿到的人能歸還這筆錢？」他說：「當然希望他不要佔爲己有。」我告訴他：「那不是透過你的血汗所賺的錢，不是你的錢，你必須拿出來，不應該佔爲己有。」

後來，他把剩下的兩千元拿出來——他已經花掉五百元了。我當時心裡想，如果他能主動表示願意用下個月的五百塊零用錢來補償，我就給他五千塊作爲獎勵。如果孩子的行爲很好，其實父母願意給他更豐盛的獎勵；但是，孩子有時候很短視，所以我們要幫助他有遠見。後來，我出五百塊加上他剩下的兩千塊，因爲沒有遺失者的名字，我們就用孩子的名字把它捐給世界展望會。

幫助孩子不要貪心，不要助長他的欲望，就是一種愛。不是他的東西卻佔爲己有，這樣的孩子，他的貪跟慾永遠會跑在他實際的能力前面，他的人際關係就會很麻煩。

當。

教孩子懂得尊重他人

我認識一個媽媽，她娘家在花蓮。每次回娘家坐火車來回要八小時，卻只在娘家待兩個小時；原因是，孩子上學的便當都是她親手做的，所以一定要趕回來做便當。

有一個媽媽因爲覺得上學的時間吃早餐太早了，就先把孩子送去學校，然後回家煮早餐，順便替老師準備一份，再送去給孩子吃。之後便留下來做義工，還在教室門口徘徊，留心她孩子的狀況。

這些都是太「有愛心」的父母。就爲了準備孩子的便當，大老遠坐八個小時的火車回娘家，卻只在娘家待兩個小時，這會導致一個狀況：過度有愛心的父母，常常會掌控孩子。想想看，妳替孩子做便當，會不會特別注意他便當有沒有吃完？孩子便當沒有吃完的機率高不高？有很多情況會讓他便當沒吃完。當妳在娘家待兩個小時就趕回來做便當，孩子若沒吃完妳受得了嗎？妳一定很有情緒，自然而然會去掌控。如此一來，孩子也會從我們身上學到徹底犧牲、沒有自己、但卻掌控別人必須接受我們付出的愛。

因此，父母千萬不要愛得太過。我們要培養孩子有愛心，就像父母付出愛一樣的；但是，我們也要讓孩子從我們身上，學會付出但沒有控制、並尊重孩子個人選擇的愛。

像我媽媽就是那種無微不至的愛，你從她的話語可以感受到。以前我生病的時候，她會說「我的心肝」，並會打果汁給我喝。有時我已吃很飽，先把果汁放在一旁，她看了會受不了，希望我馬上先喝下去；我跟她講我吃得很飽，她就會很「哀怨」地說「都不知珍惜。」不過，現在她已經會先問我：「我要打果汁給你喝，方便嗎？」我認爲，這就是一種尊重。

有一天，我孩子在吹著電扇打電腦；我正好煮完菜，覺得很熱，就問他：「電扇可以借我吹一下嗎？爸剛煮完菜，覺得好熱。」我媽媽在一旁半帶憤怒地說：「就把電扇拿過來吹，還用問嗎？爲什麼要這麼順著孩子？」

我們常把「溺愛」與「尊重」搞混了。孩子先吹電扇，我們要把它拿走當然要尊重先吹的人；不然，以後孩子想吹電扇，也可以不用尊重父母就把它給拿走。你若給孩子尊重的愛，他也會去尊重他的同學，將來尊重他的同事，乃至尊重他的另一半。

「承諾」也非常重要。我們要能夠兌現承諾，這也是愛裡非常重要的內涵；尤其是父母親的承諾，可能影響孩子一生。

舉個例子：有一位宣教士一直無法與人合作，因他無法信任別人；後來，機構建議他去接受心理治療，這才發現原因。原來，他的父親也是宣教士。在他童年時期，父親常承諾他要做什麼或帶他出去玩，但卻常因爲教會的事而突然取消與他的約定，一而再、再而三地對他失約，讓他非常失望。從此，他不再信任任何人的承諾；因爲，連自己最親的父親都這麼不可信任，還有什麼人可以信任？因此，父母親一定要重視對孩子的承諾與約定。

愛裡面，還有一個非常重要的成分——就是要培養孩子有「感恩的心」。我生日時，通常要求我太太帶著孩子寫卡片給我，我希望他們都能寫一些對父親感恩的話，我的目的是要培養小孩感恩之心。有時朋友會送一些小東西或禮物給我的孩子，我一定會提醒他要打電話或寫張卡片給那個阿姨或叔叔，謝謝人家送禮物給他，藉此培養孩子感恩的心。

其實，有感恩的心，也比較容易得到他人的關愛；不知感恩的人，常將他人的關心當成理所當然，不知回饋，別人便會慢慢把愛收回去。

■為自己做主

第二是要「負責任」。什麼叫「負責任」？就是爲自己的生活做主，也就是所謂的「自我管理」。我們要幫助孩子在哪些方面負責任？首先就是要教導他守本分、盡義務，要有信用，可以讓人信賴。

比方有一些家庭，會在孩子做家事後給他錢。這種做法雖能讓孩子瞭解到必須付出勞力才可以賺到錢，但我認爲，家事是所有家庭成員都應負的責任，既然大家都是這個家庭的成員，爲了這個家好，就要分工。在我們家，太太整天在家，負責了大部份的家事，所以老大、老二跟我，就負責洗碗工作，老三負責倒垃圾。一個禮拜有七天，洗碗的三個人怎麼分配呢？爸爸就多洗一天，因爲要做孩子的榜樣。

因爲我媽媽跟我們住在一起，有時候，我和孩子還沒去洗碗，她就把碗都洗了。她是體諒我到處奔波很辛苦，我很感恩；但是，如此一來，我就沒有機會做給孩子看。我把原委向她說明，請她千萬不要幫我洗，這樣我才能做榜樣要求我的孩子。

輪到孩子做事的時候，孩子有時會想要拖延，像是說：「我好累喔！今天可不可以不要洗碗？」父母如果回答：「好！太累就去休息，我替你洗。」孩子就無法學會負責。這樣的情形我們要試著改變，當他這樣講時，你要讓他明白你的立場，他可以選擇什麼時候去做，但一定要完成，因為這是他應該負的責任。

當我的孩子這麼說時，我通常會讓他二選一：「你如果覺得累，你想要先睡覺，明天早上洗？還是先洗碗再去睡覺？」孩子通常會選擇先睡覺，明天早上再洗。當他做了選擇，也就做了承諾；我們一定要幫助他兌現承諾，讓他為他的承諾負責。

有一天早上，我的孩子沒洗碗就上了我的車，準備讓我送他上學。這個時候，做父母的該怎麼辦？為了避免孩子上學遲到而讓孩子破壞自己的承諾、不用負責？還是你要讓孩子兌現早起洗碗的承諾，而讓他因遲到嘗到被處罰的後果？他如果沒有親自完成並兌現承諾，他就培養不出負責任的品格。

千萬不要做這樣子的父母——自己幫孩子做完後再把他罵一頓。你不用罵他，只要不發動車子，對他說：「昨天，你說很累要先休息、今天早上你會早起洗碗。現在請你下車洗碗！」孩子當然不會充滿感恩地說：「謝謝爸爸的提醒！」「爸爸眞好！我差點忘記。」「你提醒了我，我好感謝你喔！」之類的話；千萬不要期待孩子這麼成熟又懂事，這樣妳會很失望的。孩子本來就是有幼稚、自我、享樂的部分。

我們就是要幫助孩子越來越不自我，越來越不幼稚，逐漸變得成熟懂事，這本來就是父母的艱難任務。不可能今天訂下規定，明天他的一切就像電腦般，一開機就會正常反應；所以，父母要溫柔、堅定、繼續拉出界線。如果他說明天早上要洗，平常若是六點半起床，既然還要洗碗，那就得提前起床；家長該提醒他，但讓孩子自己設定鬧鐘，因爲起床是他自己的責任。

我們一定要弄清楚什麼是孩子的責任、什麼是我們的責任，要隨著孩子各階段的發展幫助他，要把責任還給他，讓他學習負責。

■溫柔、堅定、持續，要他負起責任

還要注意的是，不要苛求孩子。比方說，孩子剛開始洗碗時，通常不會將碗洗得很乾淨、排得很整齊，流理台也能保持乾淨；但我們一開始只要求孩子把事情「做完」，並非要求一定要「完美」。若馬上要求孩子達到標準，孩子可能會時常感到挫敗而乾脆放棄。

剛開始最好是家長陪孩子一起洗，然後要增強好的行為，讓他能內化為自己的動力。就像太太對老公一樣，他剛開始幫妳洗碗，妳千萬不要只是檢查他碗底洗得乾不乾淨，而是要給他鼓勵，讓他感受到妳很愛他、心疼他，並且要謝謝他。《聖經》上說：「要多說造就人的好話，叫聽見的人得益處。」如此一來，他培養責任跟參與感就比較不會遭受挫敗。

我的二兒子洗完碗以後，流理台常像是水災一般，而且他最不喜歡清水槽中間的濾渣網。看到這樣的狀況，就算他已經躺下去睡覺了，我還是會把他叫起來，對他說：「請你擦乾淨！」——溫柔、堅定、持續。他現在已經十八歲了，我也肯定了十八年。若是孩子有什麼事沒做好，你就對他說「請你將XX事做好」，只要遵從「溫柔、堅定、持續」三個原則就好，不用生氣。

如果現在孩子很多的責任都落在你身上，可不能一下子都還給，而是要一項一項地把責任還給他，這樣才會有效，這個是非常重要的原則。

再以我的孩子為例。我家小朋友讀小學的時候，要坐交通車；媽媽都很心疼孩子，捨不得太早叫他起床。家長應該都知道，孩子不可能一下子就張開眼睛、馬上起床，他們會一直賴在床上。然後你開始提高音量，他才稍微有反應地坐起來；聲音再提高八度，才會睡眼惺忪地慢慢走到門口。我發現，我太太已把牙膏都幫孩子擠好了，還替他倒好了水，然後他就坐在房間門口繼續打瞌睡，她還叫他把嘴巴張開，幫他刷牙；刷好之後讓他坐好吃早餐，然後我太太就跪在地上幫他穿襪子。娃娃車來了，我的孩子就衝出去，媽媽也背著書包一起衝。幾乎所有的動作，媽媽都幫孩子做好了。

因為孩子已經習慣你替他做完，所以會等妳替他做；這對孩子的未來很不好。但是，妳要將責任慢慢還給他，而不是馬上就全部要他自己做好。首先，讓他自己設定鬧鐘時間。他自己設定之後，鬧鐘響時妳不要過來叫他；因為他可能已經習慣你的聲音，已經被制約了，要聽到妳的聲音他才會起床。此時，我們要漸進：如果鬧鐘響了他沒有醒，你就讓他繼續睡，並讓他知道賴床要付出代價。

我建議各位要跟學校老師合作，讓老師知道你正在幫孩子劃清責任界線；有的學校若是遲到便要罰站或是勞動服務，這就是孩子應付的代價，這叫後果。如果是你送他上學，他若不能準時，就讓他自己想辦法搭公車或是捷運到學校，讓他感受那種過程，讓他嘗到不早起便會遲到並被處罰的後果。千萬不要等到結婚以後，還要他老婆或老公叫他起床。

有些父母甚至還在為上了國中的孩子做事，連一個雞蛋也要幫他買。我就聽說過，有一次班上要學生準備一個雞蛋，孩子對媽媽是這樣說話的：「媽！妳有沒有替我買雞蛋？」「媽！妳有沒有把我的雞蛋準備好？」隔天，那位媽媽將雞蛋準備好了，但忘了把它放在書包。孩子還「理直氣壯」地說：「媽！妳為什麼沒有把我的雞蛋放在書包？都是妳害我被老師罵。」你會發現，你幫孩子扛起他該負的責任，他不知感恩竟然還責怪你，這樣下去會演變成什麼狀況？這會助長了他推卸責任的習慣。

■家長的態度很重要

家長若不負責任，孩子便很容易養成不負責任的個性。有位爸爸有負債的習慣，結果他兒子也有「負債」的習性。這會「代代相傳」下去。

有一個朋友的弟弟，有一次因爲教育召集，要去當一個禮拜的兵；臨去前請他媽媽爲他借錢週轉，讓他開出去的票不要跳票。因爲這種狀況發生多次，媽媽一直在幫他週轉，非常困擾，這位朋友就建議媽媽不要再幫弟弟了；因爲這樣他永遠會負債，而且無法學會節制「控制金錢」。那次他媽媽有聽進了他的勸告，狠心不幫弟弟；弟弟回來知道跳票後，大發雷霆。這就是推卸責任：自己種下的因，自己該負起責任，卻罵別人不幫忙。孩子種下的因，我們也不該撈過界，幫他收拾後果。

再舉個例子。現在很多中、小學生都有手機，電話費通常是家長付的，然後就會產生要求孩子控制講話時間、節省電話費的問題。爲什麼會有這樣的問題？因爲孩子不必承擔自己行爲所產生的結果；他可以一直講，帳單由家長買單，由家長負擔後果，所以孩子根本不會控制講話時間。

以前有段時間，我孩子的手機是同學給他的，他用他自己的零用錢買預付卡。

他有一次就很抓狂地問：是誰用了他的電話？因爲用預付卡打出去，通話費扣得很快。他爲什麼抓狂？因爲那是他的零用錢；若是花父母的錢，隨便借同學打也毫不在乎。

我倒以爲，其實孩子並沒有那麼緊急的事，一定隨時要用手機聯繫；現在電話很方便，眞的有緊急的事，可以跟學校借一下電話，學校一定會借的。

■自己有可以做決定的能力

第三個品格，就是要培養孩子「自我決定」的能力，而且能爲他自己的決定負責；這就要讓孩子有機會能夠自己選擇、做決定、且負責任。

美國有一位教授做過研究，對許多父母進行長期追蹤。他發現，父母大概有三類，其中一種父母叫做「權威開明型」，這種父母教育出來的孩子，未來最成功，人格特質也最成熟。原因何在？這種父母會設立規範，並且會執行規範；但父母也會考慮孩子的需求，並尊重孩子的想法。

我們若要培養能夠獨立自主的孩子，一定要讓他從小就有機會做決定，這樣他將來才能為自己做重大乃至於影響終身的決定（選擇科系、選擇終身伴侶、選擇工作）。例如，孩子要買鞋子、衣服，應該聽聽他的意見跟想法，因為那雙鞋或那件衣服是他每天穿在身上的；如果都是聽你的想法，到時候痛苦的是他！我認為，有機會就應該讓孩子自己做選擇，他才會為自己負責。

我有一個朋友，他上大學讀什麼系是他父親決定的，畢業以後做什麼工作，也是父親決定——他父親希望他做高中老師。他從來沒有機會為自己做決定，他父親也不聽他的想法。到學校任教之前，他就把高中的教科書帶回去，對他父親說：「你要我教書，但是我不會教書，你教我！」父母到五、六十歲還要教孩子怎麼教書，眞是情何以堪！

什麼叫做「教育」？就是孩子將來沒有父母親從旁照顧也可以活下去；這就要讓他們有自主做決定的機會與能力。

我聽李遠哲先生說過一個例子：曾有一個北一女的學生寫信給他，說她很喜歡物理，但是她的父母堅持她一定要讀醫學院；後來，她卻進了精神病院。李遠哲先生說，我們就這麼失去了一個物理學家。有一次，我在一所國中對老師演講，有位老師就問了一個問題：有個學生功課不好，比較適合讀職校；但是他的父母親卻堅持要他考高中，而且是要念一流的高中。這樣的情況，我們該怎麼辦？在台灣，孩子要讀什麼的決定權往往落在父母手上；其實，父母應該跟孩子一起討論，尊重孩子的想法，父母也可以分享自己的意見。

我的孩子國中畢業時，他對體育很有興趣，我們就帶他去考體育班；這才發現，原來體育班考試有指定的幾種項目，正好不是我孩子喜歡的。我孩子喜歡棒球跟籃球，但大部分的體育班卻是測驗體能，像是跑步、游泳、鉛球等項目。我記得，考試當天他還是想去試試看，我就陪他去；我發現，他穿的布鞋比他的腳還大。考跑步時，他跑最後一名，跟第一名差了一圈半；在一旁觀看的體育老師及體育班的學生與考生，有些便在一旁暗笑。我的心裡則在淌血；但是，爲人父親必須學習接納孩子，幫助他體驗做選擇的過程。

他後來去讀職校，念的是資訊，但他並不喜歡。高職畢業之後則去中壢的一所聖德基督學院就讀；那所學校的文憑教育部不承認，但他很喜歡該校的社會工作系。雖然他也有考上教育部認可的四技二專，但對能就讀的科系沒有興趣，所以最後他還是選擇去基督學院。雖然拿不到社會承認的文憑，他說他讀得很開心、也很主動的閱讀與寫報告，因爲他開始體會到讀書的樂趣。

他現在不必別人催促，自己就會讀書寫報告。最初他自己選擇不要住宿而要通車，雖然我們告訴他一天要花三個小時通車，他還是選擇回家；因爲是他自己的選擇，所以他會自己早起，通車到中壢上課。之後他自己又發現，還是住宿比較好。從這過程中，他開始對他自己的生命有感覺，知道選擇什麼對自己比較好；這樣的經歷與選擇過程對孩子而言是非常重要的，孩子需要經歷摸索而逐漸明白自己所要的。

要讓一個人能夠自主決定，他才會自我負責。比方說，因爲我太太是我自己選的，不是我媽媽做的決定，所以，我結婚這二十幾年來的苦樂自然不能有任何藉口推給我媽媽，因爲我必須自己承擔。我媽媽有她的標準，她曾經阻止我，要我選擇另外一個女人；她說，若是我不聽，她要去當尼姑。我說：「若是照妳的意思，以後我如果離婚，妳要負責。」要結婚的是孩子，父母怎麼負責？

你若是撈過界而不讓孩子自主，他一輩子會纏著你，讓你不能鬆開，做自己想做的事情。所以，我們一定要訓練自己孩子，讓孩子能夠獨立，能夠自我負責。

■培養主動的精神

我們還要培養孩子主動的態度；讓孩子知道，除非採取行動，不然事情是不會開始或有所改變的。

幾年前的某一天，我太太告訴我，念國小四年級的老三對她說，快要考試了，他計畫要怎麼複習等等。我說太好了，便請太太不要替他決定怎麼複習；因爲他自己已有了想法，只要跟他一起討論，在討論的過程幫助他自己訂定計畫就可以了。

還有一天下午，在我非常疲倦、想要睡覺的時候，老三忽然對我說：「爸，我覺得應該開始行動，展開大掃除！」老實說，那時我眞的不想動，但我覺得那是很關鍵的時機；當他主動尋求要幫忙作家事大掃除的時候，我們要支持他並建立孩子主動的品格。在孩子的成長過程中，會有一個階段很想幫父母做家事，那個就是他主動的時候，千萬不要錯過那個關鍵時刻。

主動的人，將來在職場上機會比較多。我以前在公司時發現，最不容易升職的，就是那種被動、天天在偷懶卻又最會抱怨的人。主動的人會覺得，生命是自己的，他不會因爲領的是老板的薪水，所以覺得打混沒有關係，因爲浪費的是自己的生命；如果不喜歡這份工作或這個老闆，就應該趁早離開，不要耗費自己的生命歲月。

有一次我到某汽車公司演講，覺得會場的氣氛怪怪的，因爲來聽演講的人大都愁眉苦臉；後來我發現，原來，董事長就坐在前面，而這些人是被強迫來聽的。我就告訴他們，今天的這兩個小時，可以帶著無奈、抱怨的心情坐在椅子上，卻也可以讓這兩個小時變得很有意義；因爲這二個小時是你的，我們可以爲自己的生命是否快樂是否積極或樂觀負起責任，這個就叫做主動。

我做婚姻諮商時發現，人很容易被動：你對我不好，我就不會有心主動將這個不好帶往正向；我們很容易被動的等待幸福關係奇蹟出現，而只會埋怨或怪罪。例如，有一個很會嘮叨的太太，跟一個酗酒的先生；先生對太太說：「你只要不嘮叨我就不喝酒，都是因爲你太嘮叨，我才喝酒。」然後太太就說：「你只要不喝酒我就不嘮叨。」你會發現，人常常在等別人行動、別人改變，自己才願意行動，人處在一個被動而且受傷的狀態，對現狀不會試著去改變。

但是，主動積極的人不會只是被動地等待改變。例如，先生可以思考：「我怎麼讓我嘮叨的太太停下來，而且讓她喜歡我這個男人。」他會主動地去創造他的每一分鐘，而不是被動地反應。女性也應該想想：「我怎麼讓一個不跟我講話的先生，願意多跟我講些話。」而不是一直在埋怨：「我怎麼這麼倒楣！先生像個木頭，不願意跟我講話，看到別人卻眉開眼笑。」

人要主動創造，不要只是抱怨；這也是一個心理界線，關係著我們快不快樂。

■培養瞭解並勇於面對現實的能力

我們還要幫助孩子能堅定地「面對現實」。面對現實有時候會是很難過的事，因爲要親身體會在現實世界所面對的痛苦。例如，我讓孩子讀聖德基督書院，教育部並不認同這所學校的文憑，他將來當然會遇到現實問題；在他選擇的時候，我便要幫助他知道這個現實，知道如何克服這個現實的困境。

我本來是念二專，而我所受的輔導諮商訓練，教育部並不承認，但我卻又負責生命線機構，如此當然會遇到現實的困擾；我多年前離開生命線後，就開始做社區教育的工作，在學歷上一樣會遇到現實的困境。重要的是，我們該怎麼選擇自己喜歡做的事，並主動地願意爲自己負責，使自己有能力突破現實。同樣地，我們也要幫助孩子瞭解現實可能帶來的後果，並且想辦法突破它。

例如，剛剛我提到，我的孩子有時會沒有洗碗便趕著坐車上學，我就會說：「請你把碗洗好後，我再送你上學。」因爲生氣，他下車時便很用力地甩上車門；我就再對他說：「你如果甩壞車門，我會從你銀行戶頭扣錢喔！」他聽了當然會更氣；不過，我要讓他瞭解現實的後果，不可以太隨性。

再比方說，如果超速，一定有罰單，這就是現實。我現在過的生活很儉樸，所以開車都很小心，會注意速度表，也不買超速測試器提醒我前面有測速照相，因爲我不想藉此助長我超速的念頭或行爲；超速就要付出代價，那個代價會讓我得到自我控制的能力。

父母要讓孩子知道，他現在所做的跟他的未來是有關係的，不要讓他活在假相或不實際的幻想中；要讓他對於現實的善果和惡果有正確的看法。

想想看，一個人若是時常接觸網路色情，情慾會不會越來越高漲？會不會很容易掉入情慾試探的陷阱？這都是因爲選擇了惡，一直讓惡念進入到生命中。我們要瞭解，自己的精神常常接觸什麼，這跟自己的生命喜不喜樂、平不平安是有關係的。你如果常常跟喜歡跟講八卦的人在一起，慢慢地，你會發現自己也滿八卦的，而且心情會顯得浮躁。相反地，參與一些社區或團體辦理的讀書會，在讀書會裡面很容易找到一些心靈分享的朋友，彼此間可以不斷成長，心會越來越活化，越來越正向。這些都是我們對現實的善與惡做選擇後所造成的結果。

■學習面對失敗，讓孩子輸得起

父母要幫助孩子能夠成長，而且過得比以前好，便要讓孩子的生命能從低落的情緒狀態恢復過來。

當我們糾正孩子的時候，孩子的心情一定不會很平靜，他會覺得傷心難過；我以爲，父母不必擔心孩子傷心難過。有些父母可能會認爲讓孩子產生負向情緒是不好的，其實，我們只要懂得如何引導，讓孩子隨著時間慢慢恢復，這個也是讓他成長的方式。此外，父母還應該幫助孩子培養承受一段時間的負面張力的能力以及接受遲來的獎賞與不愉快的感覺。

《聖經》有一段話：「凡管教的事，當時不覺得快樂，反覺得痛苦，後來卻爲那經練過的人結出平安的果子（就是我們所談的品格）。」其中還有另外一段話：「你們作父親的，不要惹兒女的氣，只要照著主的教訓和警戒，養育他們。」也就是說，我們有一些管教的方法不好，扭曲了孩子的自我價值，而令孩子心生不滿，這時就要改進；但有時候，我們管教是正確的，即使讓孩子生氣，父母親也不應害怕，千萬不要因爲退縮而沒有幫助孩子建立品格。等到孩子長大成熟，甚至自己成爲父母之後，就會懂得感謝我們。

除此之外，還要讓孩子「輸得起」。有一次，我的孩子有一科考九十三分，我發現我太太花了足足一個半小時，跟他嘮叨那七分；我覺得，我們要幫助孩子看到那九十三分，要給他支持才對，給孩子已展現的生命正向鼓勵。有時候孩子處在輸的狀態，但那不是眞的輸，其實他是很不錯的。

有一個關於兩個自行車奧運選手的故事：有一位美國選手叫阿姆斯壯，他是那屆奧運金牌呼聲最高者；比賽過程中他一路領先，另一個他國選手緊追在後，兩個人相差無幾。就在一個轉彎處，那個選手因爲路邊的塑膠袋勾到腳踏車而翻車，阿姆斯壯也發現了。大家都替阿姆斯壯高興，這下穩得金牌了；但是，阿姆斯壯卻停下腳踏車，過去看那位翻車的選手有沒有受傷，等他弄好了再繼續上路；結果，阿姆斯壯輸了這場比賽。有人問他爲什麼不把握這麼好的機會？他說，上一屆比賽他跌倒時，那個選手也停下車來……

人生有很多階段，孩子難免有時候會處在輸的階段，不要每一次都因考試分數而患得患失，我們應該幫助他們以正確的觀點來看待失敗。考試只是小失敗，將來還有很多艱難的挑戰等著孩子們。

我有一個朋友是台大的研究所畢業，她說，她有時候會做惡夢，夢見自己忘了明天要考試的內容。她已經四十幾歲，是兩個孩子的媽了，卻還常常做這樣的惡夢。所以，我們要幫助孩子健康地經歷求學過程。

我的二兒子很優秀，國小、國中的成績都很好，各方面的才藝也不錯；學校舉行籃球比賽，他上場時，有一千多人喊他的名字爲他加油。他成績是班上第一名，但考高中卻失敗了；因爲他外務太多，甚至去輔導男同學跟女同學分手的事。可是，我覺得他現在遇到失敗很好，會讓他注意到自己不能同時要太多。我發現，他讀高中之後自己注意到了這個問題。這就是失敗所帶來的經驗與成長。

■父母要勇於認錯以及道歉

在孩子成長過程中，我們還應該幫助他們培養勇於認錯的品格。我有個體會：如果父母發現自己不對，只要肯跟孩子道歉，便不太可能教出叛逆的孩子。

爲什麼孩子會叛逆？是因爲我們自己有錯的時候，也很叛逆地死不認錯；其實，只要我們有錯時，謙虛地跟孩子道歉，孩子通常反而會尊敬我們。他不會瞧不起會認錯的父母，而是會鄙視死不認錯的父母；如此一來，便很容易教出叛逆又獨斷的孩子，尤其是在青春期的時候。

對於青春期的孩子，父母要注意幾點：第一個是要做榜樣，說到要做到，你對他的要求，你自己也要做到。第二點是，你如果發現自己不對，要能夠謙虛地道歉。若能如此，你才會有力量幫助青春期的孩子走過這個階段。但是，如果父母對孩子死不認錯，在這個階段便會非常艱難。

我的大兒子非常怕黑；比如說，學校的廁所通常有點暗，他就不敢去，都要憋到回家才上。我們覺得，一個大男生都已經小學五年級還怕黑，未免太沒用、太軟弱。有一次，一家人吃完飯，我叫他到臥室拿東西，臥室沒有開燈，他不敢進去。我跟我太太當時非常生氣，我就對他大聲說：「你再不進去，就打你！」孩子很生氣、含著淚水並帶著顫抖的聲音說：「我知道你們不怕黑，但是你們怕別的！」一個禮拜後，我就發現，我兒子講的沒錯；雖然我不怕黑，但是我會害怕別的事情。

有一次，我們全家人去馬拉灣玩人造浪。我們走到最前面，那裡最好玩，但也最恐怖；我看到那個浪捲過來，就不敢走到前面。我那三個孩子看到我的反應，覺得很驚訝：爸爸竟然這麼軟弱？我那怕黑的老大卻說：「爸！我陪你後退一點。」然後溫柔地挽住我的手問我：「這樣的距離可以嗎？」我說：「還是會怕！」他非常接納我的害怕，繼續後退，一點也沒有對我兇、對我大聲；但是，我卻那麼兇地對待他的怕黑。我有一天就對他說抱歉，並承認他那天他講得有道理：「父母不怕黑，但怕別的。」他現在已經不怕黑了，那原本就是階段性的過程罷了。

有時候，我們會要求孩子很完美，沒有缺點；遇到這樣的情形，我覺得孩子有權生氣，那是在教父母某些道理。如果我們覺得有錯，我們就要能夠低頭認錯、道歉。

■能夠寬恕、原諒

有能夠原諒別人的心也是非常重要的，也就是要學會寬恕別人。

我發現我的大兒子就有這種品德。他在國中時，因爲我們教他要以善勝惡，不要以惡報怨，結果讓同學覺得他好欺負。有一天，他被人欺負，非常生氣，就反擊回去；不過，沒有打到對方，反而將玻璃打破了，手臂流了很多血；後來，那位同學被學校記過，還被罰勞動服務。奇怪的是，我的孩子那段時間卻說要提早上學，陪同學一起勞動服務。我問他爲什麼要這樣做？他說，那位同學雖然不對，但是他覺得應該原諒他，所以他想陪那位同學一起走過被處罰的過程。我覺得他這樣的想法很不錯，一個人應該學會原諒。

我們若能原諒別人，其實自己會最感到平安，因爲我們晚上睡覺時便不會抱著憤怒及恨意而睡不安穩。我們要幫助孩子建立這種品格；其實，他們很容易從爸爸媽媽的互動中學到，就是看我們能不能時常原諒另一半。我自己常這麼做：前一天晚上若是跟我太太有不愉快時，隔天早上起床時便去親太太一下。我內心裡面其實想再ㄍㄧㄥ一下；但我發現，當我越能夠原諒，我們夫妻越能一起度過不愉快的經驗。

孩子們都在看父母怎麼處理關係，這對他將來的人際關係很重要。有一次太太離家出走，我帶著孩子手牽手跪在客廳，爲妻子向上帝禱告。後來，我帶著孩子去找媽媽，在一家戲院門口看到太太的摩托車；我們就一起去花店買一束花並寫了卡片「歡迎媽媽（妻子）回家」，然後將花放在摩托車的籃子裡。

讓孩子有機會學習如何相互原諒與軟化立場，這對孩子將來的人際關係至爲重要。

■讓孩子學會接受現實

我們不應讓孩子養成要求現實配合的個性，而是要讓孩子學習如何自我改變，去接受現實的缺憾。

生命線曾經辦一個青少年生涯規畫活動。當時有一個讀國中的孩子，他說要吃漢堡，輔導員跟他說只有便當，他就在地板上打滾，拒絕吃飯。我問輔導員後來怎麼處理，他們說他鬧得很兇，只好去買給他吃。

如果你是父母，你便不應該這樣做。孩子常會想要控制父母，如果我們太軟弱，便會被他控制。我們應該尊重孩子，但是不應該被孩子控制；我們應該要教育他、領導他，而不是被孩子主導。我們要幫助孩子，但是千萬不要讓孩子從孩子的位階變成父母，我們反而成了孩子，這是不對的。他要打滾，就讓他繼續打滾，要不然就不要吃，絕對不能被他控制。你只要堅持一兩次，他知道用哭鬧是無效的，孩子就會做出改變，瞭解要適應現實；你若是一再地妥協，孩子長大之後還是會一再勒索。

■誠實是內心平安的根源

我們還要幫助孩子建立誠實的品格。我曾經認識一個博士班學生，當時他畢業年限已經到期還是無法完成博士論文，不能畢業，可是他又即將要結婚了，便來向我求助。他問我，到底要不要跟他的未婚妻講他不能畢業的事？如果講了，她會不會不跟他結婚？如果跟未婚妻講了，她還是要結婚，那麼，要不要跟岳父母講？如果自己不講，結婚當天當有人在台上恭賀說：「恭喜某某家得到一個博士女婿」時，來參加婚禮的同學跟教授卻都知道他沒有畢業；如果他沒有講，岳父母最後由他的收入一定也會知道……

當我們不願意誠實面對的時候，就會有很多的僞裝跟隱藏；人會失去快樂、加深恐懼，常常是因爲不誠實。人的生命會導致很多問題，常常是因爲心口不一，所說的與事實不符，而引起內心恐懼與害怕。

有時候，孩子的不誠實是因爲我們讓他恐懼。你要孩子誠實，但他若是老實招供，便會被處罰。我記得，我的孩子有一次考試時偷看，他一直想跟我講，但每次都呑呑吐吐、欲言又止。我看他這樣子，就直接問他：「你是不是有事要跟爸爸講，但是又怕我會對你怎麼樣？」他說是，我就要他放心，他才老實告訴我偷看的事。父母要守信用，說不會處罰就一定不處罰，孩子才會越來越誠實；而且要告訴孩子，你喜歡他的誠實。

我當時就對孩子說，要他寫一封信跟老師承認偷看的事，他的壓力當然會很大；我跟他說：「你會偷看，做父母的也有責任；我也來寫一封信向老師道歉，我們一起寫。」不過，雖然基本上我相信老師喜歡誠實的小孩，但我還是同時給他機會教育：他這樣誠實，有時候結果不一定是好的；若是後果不好，他還要不要誠實？考慮之後，他還是選擇誠實。後來，老師向同學公開表揚他的誠實，只有將偷看的那一題分數不算。

誠實對我們一生很重要。我以前是那種非常「討好」人的個性，跟太太吵架時，我有些想法不敢講，因爲我害怕衝突；但我發現，幾年下來的婚姻關係，好像形成一種虛假的親密。因爲，事實上我是很有想法的，但因爲我太容易道歉，我太太會以爲她是對的，我心裡面卻一點都不舒服，這樣就會把我們的關係帶向不眞實的情誼。虛假的情誼很不好，因爲你會表面上對他微笑，但卻越來越恨他，這對親密的婚姻關係殺傷力很大。

我們隨時會遇到是否要誠實的問題。在婚姻裡面不誠實，便會使婚姻的聯合關係撕裂。誠實在婚姻關係裡面很重要，是信任的基礎還有平安的根源；所以，我們也要教導我們的孩子要誠實。我也很佩服我的孩子，他願意不顧後果地選擇去跟老師道歉，我覺得很不簡單。

各位可以想想：孩子通常逃避，常是因爲父母關心的壓力所導致的結果——怕你打他，怕你失望、不愛他，反而比較不害怕面對行爲所導致的後果。孩子比較不害怕他做錯事得承認錯誤，而是比較害怕做錯事老師會怎樣、爸爸、媽媽會怎樣。其實，我們最重要是幫助他面對，而不是讓他因害怕我們而隱藏，那會讓一個人跟他人的親密關係開始疏離，會開始過一種躲藏的生活。

台灣人大多沒有勇氣向別人求助，因爲我們怕被笑；但是我們需要誠實，甚至要有一種能力，勇於告訴別人自己或家裡有問題、需要幫助，這樣才能解決問題。

我帶過不少成長課程，我發現，最容易成長的人，是他願意承認自己脆弱、需要被幫助的人；相反地，把自己ㄍㄧㄥ得像是完全沒有問題的人，是最不容易成長的。

■釐清與抉擇生命的先後次序

要幫助我們的孩子，建立一種目標導向的生活，也就是明白先後次序的生活。很多人應該在網路上看過一篇文章，是從前曾紅極一時的歌手李恕權所寫的，其中有一段可以讓大家參考：

每當我在最困惑的時候，我會靜下來問我自己：「恕權！五年後你最希望看到你自己在做什麼？」如果你自己都不知道這個答案，你又如何要求別人或上帝為你做選擇呢？別忘了，上帝已經把所有選擇的權力交在我們的手上。如果你對你的生命經常在問為什麼會這樣、為什麼會那樣的時候，你不妨問一下自己，你是否清楚知道自己要的是什麼？如果你連自己要的是什麼都不知道的話，那你的上帝又如何幫助你呢？在你身邊的人，再怎麼熱心地為你敲鑼打鼓，愛你的上帝也頂多給你一些慈悲的安慰；因為，連你自己都沒有清楚地告訴祂你要的是什麼，那麼，你又豈能無辜地怪上帝沒有為你開路呢？

我在清大為一些研究生上課，我發現，其實有些人一點都不喜歡所念的系所；我就問其中的一個，為什麼不想改變呢？他說，都已經念到研究所了。我又說，如果他能活到八十歲，不是還能活五十多年？這五十多年裡，他會做自己不喜歡的事嗎？若是賺不到錢又滿痛苦的，那倒不如現在用十年的時間去尋找自己喜歡做的事。這十年可能會有改變的痛苦，因爲你可能無法享受，但起碼是自己喜歡的；雖然要熬十年的過程，但往後可能很快樂。

有一些人雖然事業很成功，但是並不快樂。要有快樂的人生，便要想清楚人生的優先次序；分數、名校、或找到好工作、賺很多錢這些都是次要的，重要是我是誰、我的興趣是什麼、我想過什麼生活。但是，如果沒有興趣，以後即使進入好公司，或許也會很快地被淘汰，這也是現實。

千萬不要以爲，學歷是最重要的而能力是次要。眞正能讓人的潛力不斷發揮的，是因爲他有興趣；興趣使我們更有動機投入，投入、深化與成就是很相關的。當孩子沒有興趣，他就沒有創意，當他沒有興趣，他就沒有熱情，他不會很投入所做的事。像李恕權就必須做自己的決定，他非常有興趣往音樂發展，後來他選擇把太空總署的工作辭掉；他後來發展得相當不錯，我們四年級的都聽過他的歌。所以，父母必須幫助孩子過一個有優先順序及目標導向的人生。

■思考要給孩子怎樣的未來

《與幸福有約》這本書裡提到，我們要思考怎樣培養孩子，才能讓他將來快樂幸福？便要想到未來的十五年、二十年後，他怎樣過才會過得好，然後再拉到現在，去思考該怎麼做。父母必須思考，到底要帶給孩子怎樣的未來？

例如，孩子週末或寒暑假的時候，不是命令他放假要做些什麼，因爲這樣他會失去自主的能力，而且過的是父母所計畫的人生。我們家通常六月底一放假的時候，全家就一起去餐廳，討論暑假要怎麼過，讓孩子學習有目標地安排這兩個月的生活。

父母要讓孩子學習爲自己的生活負責任，並且幫助他獨立及主動地思考，有計畫地過人生，這樣孩子才會有所成長。一個有好品格的孩子，才會有好的未來。

國家圖書館出版品預行編目資料

親子互動的撇步：八位親子教育達人的祕訣傳授
／魏渭堂等作.— 初版.
— 臺北市：慈濟傳播文化志業基金會
2007.12〔民96〕240面；15X21公分（親子列車；2）
1.親職教育　2.親子關係　3.文集
ISBN 978-986-83321-8-8 (平裝)
528.2107　　　　96025155

親子互動的撇步

——八位親子教育達人的祕訣傳授

創辦者	釋證嚴
發行者	王端正
策畫	財團法人泰山文化基金會 慈濟傳播人文志業基金會
作者	魏渭堂等著
插畫繪者	謝孃瑩
出版者	慈濟傳播人文志業基金會 11259臺北市北投區立德路2號
客服專線	02-28989898
傳真專線	02-28989993
郵政劃撥	19924552　經典雜誌
責任編輯	賴志銘、高琦懿
特約編輯	林美琪
美術設計	尚璟設計整合行銷有限公司
錄音帶整理志工	余美周、嚴美華、李芝姿、邱滿瑩
印製者	禹利電子分色有限公司
經銷商	聯合發行股份有限公司 231新北市新店區寶橋路235巷6弄6號2樓
電話	02-2917-8022
傳真	02-2915-6275
出版日	2008年1月初版1刷 2020年2月初版20刷
建議售價	200元